AF525014

LUISA FRANCIA

Wer nicht alt werden will, muss vorher sterben

LUISA FRANCIA

Wer nicht alt werden will, muss vorher sterben

Nachdenken über die letzte Lebenszeit

nymphenburger

Row, row, row your boat,
Gently down the stream.
Merrily, merrily, merrily, merrily
Life is but a dream.

Englischer Kanon

Gedruckt auf chlorfrei gebleichtem Papier

Die Erstausgabe dieses Buches erschien 2016
in der F.A. Herbig Verlagsbuchhandlung GmbH, München.

ISBN 978-3-96860-064-2
Satz: Birgit Veits
Umschlaggestaltung: Wolfgang Heinzel
Umschlagmotiv: Luisa Francia
Druck und Bindung: CPI books GmbH, Leck
Printed in Germany / Imprimé en Allemagne

Inhalt

Vorwort

Mein Weg zur Grundschule führte mich zwei Jahre lang durch den Friedhof, vorbei am Leichenhaus, in dem die Verstorbenen aufgebahrt wurden. Meine Freundin und ich blieben auf dem Schulweg immer an der Leichenhalle stehen und pressten unsere Gesichter an die Glasscheibe in der Tür. Angst vor Toten hatten wir nicht. Uns faszinierten vielmehr die wächsernen Gesichter und die Dinge, die man ihnen in die gefalteten Hände gelegt hatte. Wie fast alle Kinder, die nicht selbst unmittelbar vom Tod bedroht sind, hatte ich ein unkompliziertes Verhältnis zu Alten und Toten. Sie waren Teil meines Alltags.
In meiner Kindheit wurden viele Verstorbene noch gewaschen, schön gekleidet und zu Hause aufgebahrt. Bekannte und Verwandte konnten sich so verabschieden. Sie kamen, setzten sich und sprachen oder schwiegen, dann gingen sie wieder. Berührungsängste mit Toten gab es da eher nicht. Und es war auch nicht wie in dem Zeitungsbericht aus Schweden, der darüber berichtete, dass

die Mutter dem Sohn sagte: »Der Opa ist heute Nacht gestorben.« Und der Junge fragte: »Wer hat ihn erschossen?«

Obwohl – meine Großmutter hatte den Lesezirkel abonniert. In einer Zeitschrift sah ich eine Fotostrecke über ein Mädchen, das seine kleine Schwester über die Münchner Maximiliansbrücke in die Isar geworfen hatte. Die Kleine starb, und ich als jüngere Schwester hatte plötzlich so ein mulmiges Gefühl, denn ich provozierte meine ältere Schwester oft.

Eine Messerstecherei gab es in dem zwielichtigen Lokal »Rosenstüberl«. Ein Mann namens »Pelikan« war darin verwickelt. Ob er das Opfer oder der Täter war, weiß ich nicht, doch blieb mir der mysteriöse Pelikan bis heute mit einem leichten Schaudern in Erinnerung.

Sogar im Steinsee gab es einen Mord. Wo wir den ganzen Sommer übermütig badeten, schwammen und mit Mutter und Großmutter Picknick machten, hatte ein Mann seine Freundin umgebracht und mit seinem Auto im See versenkt. Doch waren diese Toten abstrakt, wir kannten sie ja nicht.

Als ich ungefähr zwanzig Jahre alt war, starb eine gute Freundin bei einem Motorradunfall. Zum ersten Mal wurde mir klar, wie unwiderruflich verschwunden die Menschen sind, die sterben. Wie weh es tut, sie loszulassen. Ich fand: Der Tod ist gemein. Dargestellt wurde er ja auch immer als Skelett mit einer Sense. Die Leichtigkeit im Umgang mit Alter und Tod wollte sich danach lange nicht mehr einstellen. Und dann passierte es mir selbst – ich schrammte haarscharf am Tod vorbei.

Fast ein Ende

Der Morgen des 25. Juni 1992 ist trüb. Es nieselt. Meine Tochter hat vor, gleich mit ihrem Roller zur Schule zu fahren. Ich werde mir ein Taxi zum Bahnhof nehmen, denn ich habe am Abend eine Lesung und noch eine weite Reise vor mir. Sie möchte allerdings unbedingt, dass ich mit ihr auf dem Roller fahre. Das Wetter ist zwar lausig, aber ich gebe nach und fahre mit ihr mit. Vor ungefähr drei Monaten habe ich mein Auto aufgegeben, als eine Art Deal mit den Mardern, denn ich liebe die Marderfamilie. Ich habe das Gefühl, sie sind eigentlich Untergrundkämpfer gegen den Autoverkehr. Seither versuche ich, mich mit öffentlichen Verkehrsmitteln (den letzten Abenteuern der Menschheit) und Taxis durchzuschlagen. Zum Einkaufen nehme ich das Fahrrad.

Zur gleichen Zeit setzt sich Professor Edgar Biemer zum Frühstück hin. Karl Kandler, der Sozialarbeiter, richtet Kakao und Semmeln für seine

Schützlinge in der Außenstelle der Heckscher-Kinderklinik auf der Rottmannshöhe her. Der Sanitäter Michael Schwedler hat in der Einsatzzentrale gerade mal eine ruhige Minute und trinkt einen Kaffee. Chirurg Klaus Höllenriegel verlässt seine Wohnung in München und steigt in sein schnelles Auto.

Am Abend zuvor war ich am Waldrand spazieren gegangen und auf einen Jägerstand geklettert. Erst oben merkte ich, wie wacklig und brüchig er war. »Wenn du hier runterfällst, brichst du dir alles«, dachte ich und weiß doch gar nicht, wie das ist, sich alles zu brechen: 42 Jahre bin ich alt und noch nie habe ich mir einen Knochen gebrochen. Zu Hause schrieb ich zwei Artikel, für die ich eigentlich noch lange Zeit hatte. Und einem Impuls folgend stellte ich für alle offenen Rechnungen Schecks aus. Sogar Briefmarken fanden sich. Noch am Abend lief ich zum Briefkasten und gab die ganze Post auf. Das hätte mich schon stutzig machen können. Aber was nützt das: Kann man aufhören zu leben, nur weil man Vorahnungen hat?

Ein Müllwagen biegt auf die Vorfahrtsstraße ein, auf der wir mit dem Roller fahren, der Fahrer sieht uns nicht. Ich schreie, Walli gibt Gas, der Reifen des Lasters streift fast meinen Arm.

Nach diesem Vorfall hätten wir umkehren können. Andererseits ist uns ja nichts passiert. Alles ging gut. Wir steigen ab, schimpfen, regen uns auf und ab. Zigarettenpause vor dem Super-GAU. Wir fahren weiter. Es ist 7:08 Uhr. Wir unterhalten uns schreiend durch die offenen Klappen unserer Helme. Ich bewundere Wallis Gelassenheit nach diesem Beinahe-Unfall. Ich denke: »Ich nehme den Zug um 8:03 Uhr nach München, dann gehe ich dort frühstücken. Und danach in die Bibliothek, das Buch von Nigel Calder über Einsteins Universum holen.«

Mein alter Freund und Anwalt Jürgen Arnold bricht jetzt in seinen Urlaub auf. Dass ich ihn sehr bald dringend brauchen werde, wissen wir beide nicht. In etwa zehn Minuten wird von diesem Tag nicht mehr viel übrig sein.

Wir passieren die Rottmannshöhe. Der Sozialarbeiter Kandler ist auf dem Weg nach Hause. Während wir die leichte Linkskurve zur Abzweigung Maxhöhe nehmen, steigt Frau M. in ihren BMW und fährt los. Sie plagen Sorgen: Ihr Mann hat Schulden und eine Geliebte. Aber an diesem Morgen fühlt sie sich leicht und frei, wird sie mir zwei Jahre später erzählen. Sie gibt Gas. Ich sehe den dunklen BMW, der vor der Kreuzung abbremst und dann plötzlich auf uns zuschießt (»Ich habe Sie nicht gesehen«, wird sie später sagen). Ein Augenblick, der in der Unendlichkeit einfriert.

»Tatsächlich«, denke ich, »es ist, wie alle immer sagen.«
Walli denkt: »Verdammt, schon wieder so ein Scheißauto, das einfach rausfährt.«
Und sie realisiert, dass sie diesmal keine Chance hat, auszuweichen. Sie schreit wütend: »Nein!«
Mit hässlichem Knirschen und Krachen prallen wir aufeinander. Der Wagen hat Airbags – wir sind leider draußen.
Die Zeit hört auf zu existieren und alles liegt nebeneinander: das unglaublich tiefe Grün der Wiese, der Holzzaun – wahrscheinlich stehen Pferde dahinter –, das grauenhafte Geräusch des Metalls, Wallis Schrei: »Nein!«, mein Gedanke: »Doch!«
Meine Hände streben nach oben und ziehen den Körper mit, raus aus dem scharfen Schmerz, dem trockenen Krachen der Knochen, zwei dunklen Eulenaugen unter grauem Haar im Auto.
Verwunderung: So ist das? So beiläufig fliegt man ins Verderben? So weit hinauf? So leicht. So seltsam. Dieser Schrei – das ist meine Stimme. Später wird einer sagen: »Ein Kamikazeschrei.«
Und dann dieses Gefühl: Jetzt ist es passiert, jetzt ist alles vorbei. Schade eigentlich. Ach, was solls! Während der Körper Arme und Beine ausbreitet, der Rücken auf den Asphalt knallt und sofort wütenden Schmerz freisetzt. Ich ringe nach Luft, der ganze Organismus kämpft wie unter

Wasser. Über allem dieser widerliche tierische Schrei. Mein Schrei. Über der Plexiglasklappe vor meinem Gesicht taucht das angespannte Gesicht eines Mannes auf, beugt sich weg, ich höre, wie sich jemand übergibt, ich denke – oder sage ich es? –: »Bitte gehen Sie doch etwas weiter weg!« Und irgendwo drin ein wildes Lachen über den Gedanken, jetzt auch noch vollgekotzt zu werden!

»Ich sah, dass es nicht war wie jeden Morgen«, sagt Herr Kandler, »mitten auf der Straße stand ein Auto, jemand lag auf der Straße, Leute standen drumherum. Ich dachte: ›Fährst du jetzt einfach vorbei oder sollst du halten?‹ Ich hab dann halt doch angehalten. Ich dachte, vielleicht kann ich irgendwas tun, die Ambulanz von der Rottmannshöhe aus anrufen oder so. Das sah nicht gut aus. Die Frau war so eigenartig verdreht ...«

Walli liegt ganz entspannt am Auto, wie schlafend. Ich mache mir keine Sorgen um sie. Nur wenn sich ihr jemand nähert, kreische ich: »Nicht bewegen!« Denn unter den chaotischen Impulsen von Schmerz, ungläubigem Staunen – oder ist es Entsetzen? –, der Wahrnehmung von Gesichtern, die neugierig, schockiert oder interessiert über mir auftauchen und wieder wegschwimmen, liegt eine funktionierende Leitung. Durch die kommt: Bei Motorradunfällen könnte die Wirbelsäule verletzt sein. Nicht bewegen! Nicht drehen! Ein

Mann beugt sich über Walli und öffnet ihren Mund. Sie hat sich die Zunge abgebissen. Er holt sie vorsichtig aus dem Rachen, sie hängt nur noch an einem schmalen Streifen und wird später wieder so angenäht, dass nichts mehr von der Verletzung bleibt.

»Jemand wollte Ihre Beine anders legen, aber Sie haben ganz bestimmt gesagt, dass er das bleiben lassen soll. Da habe ich Sie bewundert, wie stark Sie in dieser Situation waren, Sie haben keinen Augenblick die Kontrolle über die Situation verloren«, wird Herr Kandler später sagen.
Wieder ein bleiches Gesicht über meinem. Jemand sagt: »Haben Sie Schwein gehabt, dass der Rucksack unter Ihr Genick gerutscht ist, sonst wäre es gebrochen.«
Im Rucksack liegt, in ein Tuch eingewickelt, eine Figur der Göttin Kali, zusammen mit dem Buch meiner Freundin Ute Schiran, *Menschenfrauen fliegen wieder.*
Zwei Männerstimmen unterhalten sich über meine Zukunft, wobei von Amputation und Rollstuhl die Rede ist. Ich fühle mich unbeteiligt. Zu diesem Zeitpunkt weiß ich noch nichts von zynischen Versicherungsvertretern, von Verhandlungen mit der Krankenkasse, von der existenziellen Bedrohung. Ich arbeite freiberuflich. Obwohl die »Schuld« von Anfang an feststeht (die BMW-Fah-

rerin hat die Vorfahrt missachtet), bekomme ich von der Versicherung monatelang kein Geld.
Durch die Wellen von Schmerz schneidet eine Polizeisirene. Eine Kappe taucht auf und wieder weg. Ein Mann mit einer Brille beugt sich über mich, eine Stimme sagt: »Biemer. Ich bin Arzt.«
Ich weiß, wer er ist. Er ist Professor, Doktor für plastische Chirurgie. Unsere Kinder sind im gleichen Alter. Ich denke: »Hab ich ein Glück! Schutzengel! Mehrere.«
»Das blutet nach innen«, sagt er.
Ich sage: »Ich spüre meine Hände und Füße.«
Er erwidert: »Ich lege Ihnen jetzt eine Kanüle, damit wir dann gleich eine Blutkonserve dranhängen können, wenn der Notarztwagen da ist.«
Er ist blass. An diesem Morgen sind irgendwie alle Gesichter so blass. Er drückt an meinem Arm herum.
»Da werden Sie nichts mehr finden!« Ich lache.
Er fragt: »Sind Sie vom Fach?«
Und ich antworte: »Ich bin Fachfrau für meinen Körper.«
Er drückt mir eine Nadel in den Hals und ich denke: »Was? Auf dem dreckigen Asphalt! Und wieso gibt mir eigentlich niemand eine Decke, merken die gar nicht, dass ich erfriere?«
Das Blaulicht der Ambulanz, besorgte Satzfetzen fliegen über mich hinweg. Ich höre Walli die Orte aufzählen, die wir passiert haben. Neben ihr

kauert ihre Schulfreundin Sonja, die dazugekommen ist.
»Kümmere dich bitte um Walli«, sage ich zwischen zwei unkontrollierbaren Schreikrämpfen zu ihr. Und habe dabei das Gefühl, dass ich schon zurechtkomme.
Das Fachpublikum diskutiert: »Das überlebt die doch nie«, sagt einer.
»Schauen Sie mal die Blutlache da an!«, sagt ein anderer.
»Jetzt gehen Sie mal weg da«, sagt eine autoritäre Stimme.
»Ich war aber zuerst da«, beklagt sich einer.
»Sie ist so tapfer«, sagt eine heisere Frauenstimme.
Wie ist man tapfer? Wie ist es, wenn man nicht tapfer ist? Stirbt man dann zur Strafe gleich? Was kann man tun? Man liegt da und schreit vor Schmerz, verliert gelegentlich den Überblick, zieht sich wieder hoch, kämpft. Alles geschieht von allein.
Der Sanitäter unterhält sich mit dem Professor und überlässt ihm das medizinische Feld, während er mir die Kleidung aufschneidet. Ich höre das Geräusch der Schere und Widerstand steigt in mir auf. Schmerz ist ein kulturabhängiges Phänomen, habe ich bei Adam Smith gelesen. Ich denke: »Vielleicht bilde ich mir nur ein, dass es so wehtut? Vielleicht bin ich wehleidig?«

Ich trage die maisgelbe Nicole-Farhi-Jacke meiner Schwester. Zwei Jahre habe ich gebraucht, bis sie sie mir mal geliehen hat. Jetzt sehe ich sie als life jacket.
»Die schneiden Sie jetzt nicht auf«, sage ich. Ich habe das Gefühl, da hängt jetzt mein Leben dran. Sie ist ganz blutig. Er fummelt am Reißverschluss herum und über all dem Schmerz und dem Wahnsinn muss ich lachen. Heute Morgen klemmte der Reißverschluss auch schon. Behutsam zieht er mir die Jacke aus, schneidet mir die Unterhose und das Hemd vom Leib und jetzt liege ich nackt auf der Straße und alle starren mich an. Irgendwer fragt, ob ich Bauchweh habe. Ich überlege, was Bauchweh ist und wo ich das abtrennen würde, wenn ich in die Schmerzorgie hineinfühlen müsste.
Meine Schreie halten das Publikum auf Abstand. Übergangslos kommt die Erinnerung an eine überfahrene Füchsin. Ich halte an. Ihre Zitzen sind voll Milch. Sie stirbt in meinen Armen, einmal dreht sie die Augen hoch und schaut mich an. Was wird aus ihren Jungen? Jetzt erscheint sie und legt sich unter meinen Körper, lindert den Schmerz.
Die Fahrerin des Wagens, die später »Unfallgegnerin« heißt, tappt wie eine Geistererscheinung umher.
»Als ich Ihre Schreie hörte«, sagt sie später, »hab

ich gedacht, jetzt hast du einen Hund überfahren.«

Einer der Retter sagte später: »Das war doch nichts Besonderes, dass ich Ihnen geholfen hab, das hätte ich auch für einen überfahrenen Hund getan!«

»Kümmern Sie sich doch um die Frau, die hat einen Schock«, sage ich zum Sanitäter. Er antwortet fast wütend: »Um die brauchen Sie sich wirklich keine Sorgen machen!«

Wahnsinn, wie lange alles dauert!

»Das halte ich jetzt nicht mehr aus!«, sage ich. Ein Mann mit einem weichen Wolljackett – später erfahre ich, dass es der Sozialarbeiter Kandler ist – kniet sich zu mir. Ich denke daran, wie sich der Asphalt unter seinem Knie anfühlt, weil ich weiß, wie er sich unter meinem Rücken anfühlt.

»Können Sie Ihr Knie vielleicht ein bisschen unter meinen Hintern schieben?«, bitte ich ihn, weil ich das Gefühl habe auseinanderzubrechen und tatsächlich bin ich da ja auseinandergebrochen. Zart schiebt er sein Knie hin. Ich halte mich an seinem Jackenaufschlag fest. Mit sanfter Stimme spricht er zu mir. Ich halte mich auch an seiner Stimme fest. Als ich zu seinem Gesicht hochschaue, ist es schon fast blau. Ich habe die Jacke so gekrallt und gedreht, dass er keine Luft mehr bekommt.

»Jetzt hätte ich Sie beinahe erwürgt«, sage ich.

»Das macht doch nichts«, antwortet er freundlich

und ich muss schon wieder lachen. Man erwürgt einen und der sagt: »Das macht doch nichts.« Köstlich. Ach, das Leben ist lustig. Euphorie zieht durch meine Poren. Die Stimme von Herrn Kandler schaukelt mich wie eine Hängematte. Ich bin geborgen und ruhig.

Plötzlich sehe ich die Unfallstelle von oben. Da stehen zwei Krankenwagen, dort liegt Walli, ein Mann und Sonja knien bei ihr. Sie redet. Sie zählt immer noch die Orte auf, durch die wir gefahren sind: Ambach, Holzhausen, Münsing, Weipertshausen … Dann stockt sie und fängt wieder von vorn an. Ich denke von da oben rein: »Allmannshausen.« Aber das Wort kommt nicht. Später wird Walli erzählen, dass ihre Erinnerung in Weipertshausen aufhört. Tatsächlich ist der Unfall zwei Kilometer weiter passiert. Diese zwei Kilometer am »Höllgraben« verschwinden aus ihrem Leben. Ich sehe, wie Polizisten den Verkehr über die Fahrradspur umleiten. Von dort, wo ich liege, kann ich das allerdings gar nicht sehen. Der Polizist im Einsatz bestätigt mir später meine Wahrnehmung.

Alles wird leicht und grau. Wie schön ist es, so in der Luft zu sein und keinen Schmerz zu spüren. Dann sagt etwas in mir: »Wer anfängt, von oben zu sehen, steht kurz vor dem Tod.« Ich erschrecke, weiß aber nicht, wie ich wieder in meinen Körper kommen soll. Ich habe auch keine große

Lust dazu. Ich sehe Walli und denke: »Das kannst du ihr nicht antun, wer weiß, vielleicht wollen sie ihr dann die Schuld geben!« Während ich denke: »Sie hatte keine Chance!« – während diese Art von Vernunft mein Hirn wieder ordnet –, kommt der Schmerz zurück und wirkt wie ein Trichter, durch den ich mich in meinen Körper quetsche wie in ein zu enges Korsett.
Ein junger Mann mit langen Haaren schiebt einen Plastikschlauch durch meine Nase: »Damit Sie leichter atmen können! Ich glaube, Sie haben Verletzungen im Brustraum.«
Atmen – stimmt ja, ich muss atmen! Da ist die Hand von Herrn Kandler, die Wärme seines Körpers, dort, wo er mich abstützt. Ich klammere mich an diese Wärme. Die fremde Luft läuft durch den Schlauch mühelos in meine Lungen, vom Schmerz zersplittert bröselt sie wieder raus. Ich weiß, ich muss bei meinem Atem bleiben, aber ich kann einfach nicht mehr.
Sie schieben mir eine Matte unter den Körper. Jetzt scheint alles viel schneller, viel hektischer abzulaufen. Es fühlt sich an, als verdopple sich die Laufgeschwindigkeit der Zeit. Die Matte wird unter mir aufgeblasen, der Schmerz drängt meine Gedanken in den Körper, wo Turbulenzen bis an die Haut branden. Wellen, die mich mitreißen und wieder loslassen. Zwei Bilder fallen in mein Bewusstsein: Wallis Geburt und die Er-

zählung eines Verwandten von Stalingrad, von den schreienden Soldaten, den abgerissenen Gliedmaßen. Die Erinnerung an die Geburt bringt die Disziplin des Atmens wieder.

»Wenn ich nicht aufhöre zu atmen, sterbe ich auch nicht«, denke ich. Alles wackelt und schlingert, Befehle, hastige Rufe, meine Schreie.

»Wieso werde ich eigentlich nicht bewusstlos?«, frage ich den Sanitäter im Ambulanzwagen.

»Ja, das wäre mir auch lieber«, sagt er.

»Der fährt ja wie eine gesengte Sau«, protestiere ich. Bei jeder Kurve fliegt ein Teil meines Körpers weg und ich werde es nicht schaffen, ihn wieder zusammenzusetzen.

Während wir auf der Landstraße dahinrasen, denke ich daran, dass mehr Leute auf der Straße sterben als an Aids oder an Krebs.

»Sie haben wirklich Glück gehabt«, sagt Dr. Höllenriegel, der Chirurg, später. »Wir saßen gerade bei der morgendlichen Besprechung, als der Unfall gemeldet wurde. Das ganze Team stand frisch und ausgeruht bereit.«

Glastüren, hastige Rufe, ein langer Gang, viele Arme schieben sich unter mich und die Vakuum-Matratze, die sich dem Körper anpasst und bei Wirbelverletzungen eingesetzt wird. In mir bildet sich eine Schmerzsäule, die sich so mächtig aufbäumt, dass ich weiß, jetzt geht nichts mehr. Bis dahin habe ich gedacht: »Ich muss atmen und wach bleiben, denn wenn ich ohnmächtig werde, habe ich nicht mehr die Kraft, um mich am Leben festzuhalten.« Aber jetzt ist mir das auch egal. Das Rappeln und Rufen im Röntgenraum, die Schreie, diese Wellen von Unerträglichkeit. Ich sehe eine blonde Haarsträhne, die sich aus der ordentlichen Frisur einer Frau im weißen Kittel löst und in Zeitlupe über ihr gerötetes Gesicht fällt. Dann wird das Bild ausgeblendet wie im Film. Stille.

Jemand schiebt mich eine steinerne Kellertreppe hinunter und legt mich auf einen feuchten, moosbewachsenen, grünen Steintisch. Zwei riesige Kerle schlagen mit Eisenhämmern auf meinen Körper ein. Sie schlagen ihn ganz flach und dünn. Ich schwebe unter der Kellerdecke und sehe auf dem schwarzgrünen Steintisch meinen Körper: Er ist aus Goldblech und leuchtet.

Ich erinnere mich an den Unfall. Ich weiß, wer ich bin. Ich ahne, wo ich bin, und ich denke: »Offenbar bin ich nicht gestorben. Ich lebe noch.« Aber ich fühle nichts. Kein Körper ist da. Kein Kopf, keine Hand, kein Bein. Einfach nichts. Nur zwei große Ohren, frei schwebend. Zwei große Ohren mit Flügeln, die durch den Raum schweben und alles hören. Mehrere Stimmen beraten über den Unfall – ich glaube, dass sie mich meinen. Aber wo sind die? Wo bin ich? Es gibt auch Piep- und Knarrgeräusche um mich herum. Ab und zu spricht eine Frauenstimme zu mir. Sie sagt das universelle »Hallo!«. Ich denke an meine Oma, die immer »Hallo« gerufen hat, wenn ich in Gedanken weit weg war und sie was von mir wollte. Die Stimme sagt: »Sie sind operiert worden. Stundenlang waren Sie im OP.«

Ich denke: »Okay.« Etwas in mir lacht, aber ich spüre keinen Mund, der sich verzieht, keinen Körper, der vibriert.

»Kommen Sie halt wieder zu uns«, sagt sie. »Hören Sie mich?«

Zu ihnen soll ich kommen. Wo wird das sein? Und wie stellt sie sich das vor? Heiterkeit. Gedanken steigen an die Oberfläche des Bewusstseins, immer deutlicher, immer drängender und dann ist der Schmerz da. Ich bin zurück.

(Erstveröffentlichung im Magazin Zürich *1994)*

Nachdenken über das Ende

Der Unfall hat mein Leben, mein Verhältnis zu Leben und Tod, meine Prioritäten verändert. Ich fing an, mich mit dem unausweichlichen Ende des Lebens auseinanderzusetzen. Spirituelle Lehren wie der Buddhismus empfehlen, täglich über den Tod zu meditieren. Wer in der S-Bahn-Linie 4 von München nach Ebersberg fährt, kann sich diese Meditation eigentlich sparen. Überdurchschnittlich viele Menschen werfen sich auf dieser Strecke vor den Zug, die womöglich vorher im Bezirkskrankenhaus Haar wegen Depressionen behandelt wurden und keinen Lebensmut mehr aufbringen. Der Zug bleibt dann stehen, vielleicht bekommt man noch die Aktionen der Polizei mit. Wenn der Wagen des Bestattungsinstituts wegfährt, geht ein Aufatmen durch die Reisenden und weiter gehts! Die Lebenden müssen weiterleben.

Es gibt ein stilles Ende, ein plötzliches Ende, ein entspanntes Ende, aber recht oft eben ein sehr bitteres Ende des Lebens und die Schwere dieser letzten Lebenszeit zieht auch Angehörige und Freunde in diese Energie der Qual und des Schreckens. Etwa ein Drittel der Selbsttötungen betrifft Menschen über 60 Jahre, Alterssuizid wird immer häufiger. Experten rätseln, wie es dazu kommen kann, doch was für ein Leben erwartet denn die meisten Alten?

Die Ausweglosigkeit beginnt nicht erst im Alter. Wir werden schon im Kindergarten auf einen Fünf- bis Acht-Stunden-Arbeitstag eingestellt, auf Anpassung, Gehorsam, Leistung. In der Schule fängt der Konkurrenzdruck an, das Arbeitsleben verlangt, dass wir unsere Lebensträume, sofern wir welche haben, einschränken und auf die drei oder vier Wochen Urlaub im Jahr verlegen. Falls wir überhaupt Arbeit haben.

Frauen bekommen Kinder und zumindest in meiner Generation haben sie damit eine überdimensionale Chance, in die Altersarmut abzugleiten, falls sie nicht vorher durch eine Scheidung schon verarmt sind. Auch die nächsten Generationen haben ein massives Problem: Viele junge Menschen bekommen keine feste Anstellung, obwohl sie hervorragend ausgebildet sind. Wo soll da eine Rente herkommen? Wie kann man von einem schlecht bezahlten Job die überall eingeforderte private Altersvorsorge abzwicken? Dass Altersvorsorgeversicherungen jetzt auch noch

versteuert werden müssen und jahrelang einen erhöhten Krankenkassenbeitrag zur Folge haben, macht die Lage nicht entspannter.
Das Alter hängt wie eine dunkle Wolke über dem Leben der Jungen, Staat und Krankenkassen ermuntern zur Pflege zu Hause, sie wird aber nicht wirklich gefördert, Sterben bleibt tabu und wer dann endlich alt ist, landet in der Problemzone, die niemand wirklich genau anschauen will. Das führt dann durchaus zu einer »Alten-Kasernierung« – lebenslänglich, da bringt auch gute Führung nichts mehr –, womöglich in Thailand oder auf den Philippinen, weil die Ganztagspflege dort billiger ist.

Meine Schwester und ich wollten unserer lebensfrohen Mutter ein Heim nicht antun und stiegen in die häusliche Pflege ein. Dabei ist das Seniorenhaus in unserem Ort sehr schön, es liegt zentral, hat einen hübschen Garten mit Teich und ist durchaus noch mit dem Leben ringsum verbunden, und das Personal ist freundlich und nett.
Als wir mit unserer Mutter einmal eine Freundin dort besuchten und ein alter Herr sie fragte: »Wohnen Sie auch hier?«, sagte sie: »Nein, ich bin daheim.« Da wiederholten die Umsitzenden fast tonlos wie im Chor: »Daheim!« Das war so traurig, so hoffnungslos, dass ich es fast unheimlich fand – ausweglos.

Was sollte auch heiter und lebenswert daran sein, wenn man zwar versorgt wird, aber keine Lebensperspektive, keine wirkliche Motivation mehr hat, wenn man gut behandelt, beschäftigt und unterhalten wird, damit die Strecke bis zum Tod nicht total unerträglich wird? Tatsache ist, dass die meisten Menschen im hohen Alter Hilfe brauchen und die meisten Töchter und Söhne diese Hilfe nicht leisten wollen oder können.

Die Gerätemedizin und die Pharmaindustrie sorgen dafür, dass Menschen fortdauern können, auch wenn kaum noch Leben in ihnen ist. Das Diktat des Lebens erlaubt keine Niederlage. Die Forschung fürs ewige Leben läuft auf Hochtouren, weil der Tod als natürliches Ende nicht akzeptiert wird. Die menschlichen Ersatzteillager produzieren legal oder illegal Organe, Haut, Augen, Rückenmark. Heute kann fast jede früher tödliche Krankheit hinausgezögert, das Leben verlängert werden. Das bringt ein paar Probleme mit sich: Wer kümmert sich um die »hochbetagten Mitbürgerinnen und Mitbürger«, wenn die Forschung sie nicht mehr braucht? Wer versorgt sie? Und vor allem: Wer soll das bezahlen? Das interessiert die medizinische Forschung natürlich nicht. Es geht darum, den Tod irgendwann zu besiegen und über ihn zu triumphieren. Doch was ist das für ein Leben? Und wie fühlt es sich an, wenn die Anstrengung nur zum Tod führen kann?

Ich habe im Laufe meines Lebens erkannt: Bitterkeit kommt von allein, Heiterkeit will gelockt werden.

Wir werden vermutlich nicht ganz von selbst und ohne unser Zutun in ein vergnügtes Alter und einen leichten Tod gleiten, auch wenn Firmen, Hochglanzprospekte, Reiseunternehmen und Sportvereine die »Best Ager«, die fitten Alten ohne Probleme, propagieren und uns glauben machen, dass alt sein überhaupt keine Konflikte hervorbringt. Irgendwann kommt aber doch der Tag, an dem wir nicht mehr so leicht aufstehen, an dem wir vielleicht dement werden oder inkontinent und den Körper unter Schmerzen mühsam durch den Tag quälen und uns eingestehen müssen, dass es nicht ganz einfach, vielleicht sogar unmöglich ist, kerngesund und ohne Schmerzen alt zu werden und vor allem zu sterben.

Alle möchten entweder einschlafen und nicht mehr aufwachen oder von einem Augenblick auf den anderen tot umfallen. Manche schaffen das sogar. Wir wissen nicht genau, warum, doch wir hoffen, dass es etwas mit dem eigenen Willen zu tun hat.

Fest steht: Wir werden immer älter und pflegende Angehörige – selbst nicht mehr jung und mit gesundheitlichen Problemen – schauen mit Sorge auf die 107-, 110-, 118-Jährigen. Während die

Alten tatsächlich immer älter werden, sterben die Jungen dagegen oft früh, zum Beispiel an Unfällen oder Krebs.

Ein altes Ehepaar, beide um die 90 Jahre alt, steht am Grab des Sohnes, der 70-jährig gestorben ist. Die Frau weint. Der Mann sagt: »Das hab ich dir gleich gesagt, dass wir den nicht durchbringen.«

Stumm deutete meine Schwester auf die Zeitungsmeldung, die über eine Frau berichtet, die im Alter von 107 Jahren ihren Geburtstag im Altenheim feiert, wo sie mit ihrer 80-jährigen Tochter lebt. Wir schauen uns an und seufzen. Meine Schwester hat den größten Teil ihres Erwachsenenlebens in London verbracht, dort ein Café aufgemacht und in einer Punkband gespielt, ich bin jahrzehntelang überall auf der Welt auf der Suche nach traditionellen Heilweisen und Magie herumgereist – mit unserer Mutter im Altersheim auf den Tod zu warten wäre wahrlich keine Perspektive! Doch genau das ist der springende Punkt. Auch wenn das Leben interessant, rasant, beschaulich, erfreulich oder wunderschön war – die allerletzten Jahre sind für so viele Menschen einfach nur grausam. Aus dem Philosophen, der genialen Künstlerin, der Rampensau oder dem tollen Erfinder werden Opa und Oma, die von Pflegepersonen mehr oder weniger angenehm verwaltet werden.

Gunter Sachs hatte auf diese Aussicht nur eine Antwort – er schoss sich eine Kugel in den Kopf und milderte die Härte für seine Angehörigen mit einem schönen, nachvollziehbaren Abschiedsbrief ab.

»Schau dir die Totenbretter an«, sagt ein Freund meiner Mutter, der im Bayerischen Wald aufgewachsen ist, »kaum einer ist da älter als 60 oder höchstens 70 geworden.« Das Leben war hart, es gab keine Altenkonservierung durch die Medizin, man hat gearbeitet, gelebt und ist gestorben. Dieser Zeit sind wir entwachsen. Die Medizin tut alles, um Menschen bis ins hohe, ins höchste Alter zu konservieren, und auf die Mittel zu verzichten, die hohen Blutdruck, Herzprobleme oder heilbare Krankheiten erfolgreich behandeln, ist doch auch keine Lösung.
Wer kann es sich überhaupt noch leisten, alt zu werden? Die Privatversicherungsfalle und das Risiko für junge Menschen besteht heute darin: Den Jungen wird immer noch geraten, sie sollen fürs Alter sparen, doch in Wahrheit sind sie gut beraten, mit dem (oft wenigen) Geld gut zu leben, denn im Alter, wenn sie Pflege brauchen, wird ihnen sowieso alles genommen, eventuell eben auch Wohneigentum, Besitz, Vermögen.

Aus meinem Tagebuch:

Heute hat der *Münchner Merkur* das Schwerpunktthema »Pflege«. Berichtet wird über eine Podiumsdiskussion, in der der Pflegenotstand beklagt wird: zu wenig Personal, die Alten werden schlecht behandelt usw. Warum sitzen dort keine Pflegeschwestern? Keine pflegenden Angehörigen?

Die »Pflegereform« ist eine Farce. Die Alten fressen das Leben der Jungen auf, die dafür einen Hungerlohn bekommen, obwohl eine Pflege zu Hause praktisch unerschwinglich ist. Oder hast du vielleicht rund 3000 Euro Rente, mit denen du eine osteuropäische 24-Stunden-Pflegerin und ihren und deinen Lebensunterhalt samt Miete bestreiten kannst? Überhaupt: 24 Stunden Pflege? Warum nicht gleich Sklaverei? Von den 1800 Euro, die eine solche Pflegerin kostet, bekommt die ja gerade mal 1200, der Rest geht an die – jetzt hätte ich doch fast »Menschenhändler« geschrieben – Agenturen, die die Pflegekräfte in Osteuropa einfangen.

In Zukunft wird das freilich alles noch krasser. Die zukünftigen Alten werden noch weniger Rente haben.

Mums Fernseher ist kaputt. Wer da »na und« sagt, hat noch nie einen alten Menschen gepflegt. Es ist der Super-GAU. Vier Tage kein Tor zur Welt für Mum. Dann war die Freundin, die mit Mum Karten spielt, zwei Wochen verreist. Die andere Freundin, die uns unterstützt hat, kommt nicht mehr. Wir werden alle auch nicht jünger, und wenn ich diese hübschen Hochglanzfotos zur Werbung für »Pflege zu Hause, damit die alten Menschen im Kreis der Lieben bleiben können« sehe, werde ich ein bisschen humorlos. Die Probleme, die auftauchen, interessieren einfach niemanden. Bleib ruhig und mach weiter.

* * *

Die Kinder sind aus dem Haus, die Rente hat begonnen, jetzt könnte das Leben entspannt und lustig werden. Endlich reisen! Eine Sprache lernen! Ein Hobby wieder aufgreifen! Dann benötigen die alten Eltern immer mehr Unterstützung und irgendwann sogar Pflege. Wer kümmert sich um sie? In der Regel die Frauen. Doch wurden wir wirklich geboren, um unsere alten Eltern zu pflegen? Kann aus einer Geburt, zu der wir nichts zu sagen, auf die wir keinen Einfluss hatten, der Anspruch der Eltern entstehen, im Alter für sie zu sorgen?
Von Rechts wegen sind Kinder tatsächlich ihren Eltern unterhaltspflichtig, wenn sie genug verdienen oder Vermögen haben. Das führt gar nicht selten dazu, dass sie alles verlieren, was sie sich

erspart, erarbeitet, erwirtschaftet haben. Und plötzlich steht man da und die Härte des dritten Lebensabschnitts schlägt voll zu: Jetzt ist man selbst die Mutter (eventuell auch der Vater) seiner Eltern.

Wenn man Pech hat, ist man ein Einzelkind und trägt die ganze Last der Pflege allein. Natürlich kann man sich entziehen und die Eltern in ein Heim geben – falls die rund zwei- bis dreitausend Euro, die man dafür im Monat aufbringen muss, kein Problem sind. Und während man, selbst nicht mehr jung, schon die ersten Abnutzungserscheinungen im eigenen Körper wahrnimmt und die Gelenke protestieren, wenn man Vater oder Mutter hochheben muss, verblühen sie zusehends. Die ganze Pflege und Liebe geht in den Tod. Wenn man nicht in eine tiefe Depression sinken will – und seien wir doch ehrlich, wie lieb man die Eltern auch hat, nach ein paar Monaten oder ein paar Jahren Pflege wird die Aussichtslosigkeit dieser Tätigkeit immer quälender, die Anstrengung schwerer zu stemmen, die Kraft reicht nicht und all die tollen Pflegeangebote, die es seit der Pflegereform angeblich geben soll, greifen nicht, weil es kein Personal gibt –, muss man sich gut vorbereiten, übrigens auch auf das eigene Alter. Denn wenn man nicht vorher stirbt, kommt die ganze Thematik wie ein Bumerang wieder zu einem zurück, diesmal mit einem selbst in der Rolle der hilflosen Person. Viele sagen, das passiert ihnen nicht – das hat meine Mutter auch gesagt, weil sie sich nie vorstellen konnte, dass sie einmal so gebrechlich, so verletzlich, so körperlich ausgelaugt sein könnte, wie das bei ihr mit über 90 Jahren der Fall war. Dabei war sie bis zu ihrem 90. Geburtstag recht munter, zwar schon pflegebedürftig, doch lebensfroh und lustig. Mit fast 89 Jahren besuchte sie mich noch in meinem Häuschen in Portugal und genoss den Wein und das portugiesische (schwere, fette) Essen. Von ihrem Athma war bei dieser Reise kaum etwas zu spüren, sie war gut drauf, schob ihren Rollator durch den Steinkreis und sah zehn Jahre jünger aus.

So alt werde ich nicht – das sagen viele. So alt will ich gar nicht werden, sagen noch mehr. Aber diese Koketterie greift nicht. Wer nicht mit 60 vom Felsen springt oder sich mit einer Flasche Rotwein im Körper die Plastiktüte über den Kopf zieht, im Herbst mit einer Flasche Whisky und Schlaftabletten in die Berge geht und sich einschneien lässt oder mit dem Auto an die Wand fährt, wird sich mit dem Thema Alter auseinandersetzen müssen, mit dem Nachlassen der Kräfte, mit dem zunehmenden Nach-innen-Fallen.
Im ZDF-Morgenmagazin trat ein Paar auf, die Frau hatte Alzheimer und beide sprachen ganz

offen über die Krankheit. Die Frau sagte: »Noch ist es kein Problem« und er sagte versonnen, fast ein bisschen bitter lächelnd: »Na ja …«
Da haben wir schon mal die Essenz der Abhängigkeit im Alter oder im Krankheitsfall. »Ich brauch doch fast nix«, meinte meine Mutter. Na ja …
Pflege wird in der öffentlichen Wahrnehmung gern idealisiert. Die nette Pflegerin legt liebevoll die Hand auf die Schulter einer ordentlichen, hübsch angezogenen netten alten Frau, die übrigens gar nicht wirklich alt aussieht und auch nicht so, als brauche sie Hilfe. Über der bitteren Wirklichkeit liegt die Verhübschungsfolie. Alles halb so schlimm. »Wir helfen Ihnen.«

Meine Schwester und ich brauchen dringend einen gemeinsamen Urlaub, währenddem wir frei von Sorge und Verantwortung sein wollen.
»Sie haben Anspruch auf sechs Wochen Kurzzeitpflege, das bezahlt die Pflegekasse«, heißt es in der Infobroschüre. Die Pflegekasse bezahlt einen Teil der Kosten. Für uns bleiben 40 Euro pro Tag, die wir dazuzahlen müssen. Bei vier Wochen sind das mit Taschengeld und einigen Extras, die nicht bezahlt werden, rund 1500 Euro.
»Ja, aber dann können wir uns gar keinen Urlaub mehr leisten!«, rufe ich aus.
»Das ist dann Ihr Problem«, sagt der Sachbearbeiter gut gelaunt.

»Ich arbeite fast nicht mehr, weil ich meine Mutter pflege, und bekomme rund 560 Euro Rente – wie stellen Sie sich das vor?«, sage ich. »Soll ich verarmen?«
»Das weiß ich auch nicht«, sagt er und ich glaube ihm. Woher soll er das auch wissen?
Er bekommt die Zeit, die er mit mir spricht, bezahlt und ich nicht, doch ich habe sowieso kaum Zeit für all die Unterhaltungsangebote wie Kino, Essengehen, Konzerte oder so. Wozu brauche ich also mehr Geld?

Wenn ich mit Freundinnen über das Alter, über die Pflegesituation spreche, gibt es unterschiedliche Reaktionen. Die einen winken ab und sagen: »Darüber will ich nicht sprechen, das kommt noch früh genug.« Die anderen sagen: »Bei mir wird alles anders.« Oder: »Vorbereiten kann man sich sowieso nicht. Es kommt, wie es kommt. Man muss nicht alles so düster sehen.«
Mir reicht das nicht. Ich will nicht in eine Situation hineinschlittern, aus der ich dann sicher nicht mehr entkomme, weil ich keine Körperkraft mehr habe oder nicht mehr in der Lage bin, etwas zu organisieren. Der relativen Hilflosigkeit alter Menschen steht eben eine sehr straff organisierte Alten-, Pflege- und Sterbeindustrie gegenüber, gegen die es schwer ist, alternative oder gar kreative Konzepte zu entwickeln.

Es fängt schon bei medizinischen Eingriffen an. Früher wurde nur getan, was absolut nötig war, heute wird untersucht, gestochen und operiert, was das Zeug hält, Gelenke, Organe und Haut werden ausgetauscht, und das alles, um diesem einen Thema zu entkommen: Egal, was wir im Leben angehäuft, wie viel wir zusammengerafft oder verloren haben, wie erfolgreich oder erfolglos wir waren, wie gern oder wie ungern wir gelebt haben, wir werden sterben.

Wir werden sterben, daran gibt es keinen Zweifel. Deshalb muss für ein lustvolles, erfülltes Leben das Ganze vom Tod her aufgerollt werden. Die größte Heilerin aller Krankheiten, die Löserin aller Probleme ist die gute Frau Tod, wie sie in Osteuropa heißt.

Ich glaube, es ist wichtig zu wissen, wie wir sterben wollen, wenn wir weiter vergnügt leben möchten. Und ich erwarte von der Gesetzgebung, endlich den freien Abgang zu regeln, den ich dann womöglich allein nicht mehr ausführen kann. Immer noch begeht ein Mensch, der einem anderen hilft, auf eigenen Wunsch in den Tod zu gehen, eine Straftat. Der Staat maßt sich an, über Leben und Tod und über die Überreste Verstorbener allein zu bestimmen, ungeachtet der Wünsche derer, die sterben wollen oder verstorben sind. Was ist mit dem »freien Willen«, mit dem »natürlichen Willen«, der überall propagiert wird?

* * *

Aus meinem Tagebuch:

Ungefähr zwei Monate lebe ich jetzt mit meiner Mutter in ihrer Wohnung zusammen. Kann das gut gehen? Ja, sogar sehr gut. Hätte ich auch nicht gedacht. Nach der großen Wohnung in München und der immerhin noch sehr geräumigen Zweizimmerwohnung auf dem Land bin ich jetzt mit meinem ganzen magischen Universum in zwei kleinen Zimmern gelandet. Meine Mutter, die anfangs dem Tod nah war, hat sich wieder ganz gut erholt, zwar körperlich fragil, ist sie aber geistig voll da und wir müssen viel lachen. Anfangs schob sie manchmal verwundert ihren kleinen Rollator in meine Räume und staunte: Wir sind wirklich fremde Planeten, sie für mich, ich für sie. Doch jetzt haben wir uns so aneinander gewöhnt, als lebten wir schon immer zusammen. Sie liest jeden Tag Zeitung, wir diskutieren. Wenn ich staubsauge, sagt sie: »Wie schön ist es, bei der Arbeit zuzuschauen. Wie schön muss erst die Arbeit sein!«
Ich studiere die Zeit des hohen Alters. Das Leben reduziert sich so langsam auf die wesentlichen Faktoren: Atmen, Trinken, Essen, Verdauen, Spielen – wie bei sehr kleinen Kindern. Atmen und Verdauen ist immer ein Problem,

Spielen immer eine große Freude für Mum. Zum Glück kommen Freundinnen zum Kartenspielen. Manchmal schmerzen ihre Füße, dann mache ich Quarkumschläge und salbe sie anschließend. Oft muss ich ihr den Rücken reiben. Bauchkrämpfe, Schmerzen überall, das kenne ich ja selber, nur ist es bei mir eben nicht existenziell, Schmerzen kommen und gehen. Bei meiner Mutter wird jeder Schmerz zur tödlichen Bedrohung. Und dann rafft sie sich auf und geht ihre Wunschkandidatin der Grünen wählen, die zu ihrer Freude die erste grüne Bürgermeisterin wird.
Nach ein paar Wochen ziehe ich mich in meine portugiesische Klause zurück und lebe wieder ganz wild, ohne Pflichten, ohne Tagesplan, gehe nachts raus, schlafe vielleicht mittags zwei Stunden, esse nur, wenn ich wirklich Hunger habe. Im wilden Land sitze ich gern und falle aus der Zeit.

Die gute Frau Tod

In hundert Jahr'n ist alles vorbei!«, singt Udo Lindenberg in seinem Lied »Good Bye Jonny« und das hat etwas Tröstliches. Egal wie sehr man sich abstrampelt – es wird ein Ende haben, früher oder später. Womöglich war das einmal eine wohltuende Gewissheit. Doch ist es das in unserer Gesellschaft nicht mehr. Sterben ist tabu. Weil es der vielleicht letzte Bereich ist, den die Wissenschaft noch nicht ausgekundschaftet und erobert hat.

In der Frühzeit der Menschen müssen der Tod und das Reich der Toten eine überragende Bedeutung gehabt haben. Leben und Tod waren, wie wir aus archäologischen Funden wissen, eng verbunden. Die Menschen gaben ihr Leben, um den Toten einen würdigen Übergang, eine prächtige Wohnung und eine lebendige Erinnerung zu schaffen. Riesige Steinblöcke wurden überall auf der Welt über weite Strecken transportiert, um am bestmöglichen Ort aufgestellt zu werden – zu Steinkammern, Steinkreisen, Dolmen, Steinreihen. Der Tod war immer präsent, die Menschen wurden nicht alt und es war wichtig, sie im Tod zu befrieden, um ihre Energie zu besänftigen, denn zu allen Zeiten scheinen die Menschen ein wenig Angst vor der Kraft der Toten, vor Erscheinungen und Stimmen aus dem Jenseits zu haben. Das deutsche Wort »Friedhof« beispielsweise erinnert an den Wunsch der Menschen, die Toten mögen in Frieden ruhen und die Lebenden nicht stören.

Die schönste Vorstellung vom Sterben, Totsein und der anderen Welt haben vielleicht die Pygmäen in Gabun. Sie kennen weder Götter, Göttinnen, Geister oder Anderswelten. Wer stirbt, geht in die Natur ein. So, wie wir im Leben Teil der lebendigen Natur sind (auch wenn wir uns ihr gegenüber schlecht benehmen), so sinken wir in die Erde und bleiben Teil von ihr. Diese Idee greift eine neue Bestattungsform auf, mit der sich Deutschland immer noch sehr schwer tut: Nach der Verbrennung des Körpers wird die Asche in der Natur verstreut. In Deutschland ist das bisher nicht erlaubt. Nur die Urne darf bei einem Baum vergraben werden – wie absurd. Denn das führt wieder zu einer Belastung der Umwelt, weil das Material der Urne womöglich nicht umweltfreundlich zerfällt. Der deutsche Gesetzgeber sieht im Verstreuen der Asche eine »Störung der Totenruhe«, und so wird es auch

mit einem Bußgeld bestraft, die Asche von Angehörigen zu verstreuen – wenn man überhaupt die Möglichkeit dazu bekommt, denn die Bestatter hüten ihr Monopol, den Umgang mit Toten. Dass es mittlerweile Verbrennungen am Fließband gibt, dass Tote im Akkord pulverisiert und womöglich sogar zu Diamanten gepresst werden, gilt dagegen nicht als Störung der Totenruhe. Die deutschen Gesetze mag verstehen, wer will – es gibt jedoch immer die Möglichkeit, über andere europäische Länder wie Belgien, Holland, Österreich, Spanien oder Portugal den Wunsch Verstorbener zu erfüllen, die in die Natur ganz ohne Sarg, Urne, Metallbeschläge oder Satinkissen eingehen wollen.
Der Freistaat Bayern wacht besonders eifersüchtig über die sterblichen Überreste. Die meisten Bestatter riskieren keinen Konflikt mit den Behörden und geben die Urne nicht heraus.
Es gibt jedoch mittlerweile eine schöne Alternative zum Verstreutwerden – denn auch bei der Baumbestattung wird die Urne natürlich vergraben: Man kann eine Öko-Urne wählen, die nach ein paar Jahren zerfällt und so die Asche auf natürliche Weise mit der Erde verbindet.

In Westafrika ist die Angst vor Toten derart mächtig, dass beim Tod einer Person innerhalb der Familie die Tür der Hütte oder des Hauses aus-

gehängt und zur Begräbnisstätte getragen wird. Ist das Begräbnis vorüber, wird die Haustür aufs Grab gelegt, damit der Eindruck entsteht, hier sei das Haus, in dem der oder die Tote gelebt hat.
Keine Berührungsängste dagegen haben die Menschen in Sumatra und auf Madagaskar. In Sumatra werden die Toten bestattet und nach einigen Jahren wieder ausgegraben und zeremoniell umgebettet, eventuell werden sogar die Knochen gesäubert und in kleine Kisten gebettet. Auf Madagaskar gibt es den Brauch, für Verstorbene Holzfiguren zu schnitzen, die lebensgroß sein können. Diese Figuren bringen die Verstorbenen in Verbindung zu den Lebenden. Meist stehen sie etwas entfernt von deren Behausungen, etwa unter einem Felsüberhang oder auf einem extra errichteten Balkon.
Auch in Mexiko bleibt man den Toten verbunden und geht sogar einmal im Jahr an Allerheiligen auf den Friedhof, um bei den Verstorbenen ein lustiges Picknick abzuhalten, bei dem auch die »Calaveras«, die Skelette aus Zucker oder Kuchenteig, verzehrt werden.
In Niederbayern gedachte man der Toten mit den sogenannten Totenbrettern, auf denen, zum Teil sehr schön verziert mit Blüten, Vögeln oder Landschaften, alle wesentlichen Informationen über die Verstorbenen standen, die so geehrt und in Erinnerung behalten wurden.

In Palermo und Paris wurden die Toten in Katakomben bestattet, wo sie mumifizierten und heute noch besucht werden können.
Für amerikanische UreinwohnerInnen wäre das der reinste Horror. Sie sehen sogar ein Haus, in dem jemand starb, als unbewohnbar an. In den Hogans der Hopi gibt es ein Loch direkt unter dem Dach, durch das die Seele im Todesfall entweichen kann, sodass sie die Lebenden nicht belästigen muss. Auch im bayerischen, österreichischen und Südtiroler Alpenraum kennt man das »Seelenloch«, diese Öffnung im Giebel des Hauses.

Die Beschäftigung mit Toten erscheint in unserer Kultur immer noch als etwas Unheimliches. Viele Menschen glauben, Tote seien »giftig« – in meiner Kindheit sprach man noch vom »Leichengift« –, und so ist auch der Beruf des Totengräbers oder der Totenwäscherin mit einem Hauch von Grauen verbunden. Dabei ist es selbst in Deutschland, wo der Umgang mit Toten so streng geregelt ist, erlaubt, dass eine verstorbene Person tagelang zu Hause aufgebahrt werden darf.
Die Ärzte stellen den Tod ohnehin nicht sofort nach dem letzten Atemzug fest, sondern warten ein paar Stunden, denn schon oft haben »Tote« sich von ihrem Ausflug ins Jenseits wieder zurückgemeldet – zum grausigen Schrecken der

lebenden Angehörigen. Weil das gar nicht selten vorkam, hat der Totengräber früher eine Schnur an dem Zeh der verstorbenen Person angebracht, die mit einem Glöckchen in seinem Schlafzimmer verbunden war. Wenn das Glöckchen einen Ton hervorbrachte, wusste der Totengräber, dass sich die scheinbar verstorbene Person bewegt hat.
Das wäre für die Urgroßmutter meiner Freundin Annamirl eine wirkliche Hilfe gewesen. Sie verstarb, und weil es ein heißer Sommer war, wurde sie auch sogleich begraben. Als ein Jahr später ihre Schwester starb und im Grab über ihr beerdigt wurde, sahen die Trauernden, dass der Deckel des Sarges darunter aufgestemmt worden war und die »Tote« sich offenbar im Sarg umgedreht hatte.

* * *

Aus meinem Tagebuch:

»Zu Hause leben bis zuletzt« heißt eine Broschüre der mobilen Palliativbetreuung München Land. »Bis zum bitteren Ende« würde es besser beschreiben.
Besuch einer von der Hausärztin geschickten Palliativkrankenschwester: Sie rattert das Palliativprogramm herunter, Mum schaut mich hilflos an. Das Telefon der Schwester klingelt. Sie flötet:

»Entschuldigung, ich habe Bereitschaft.« (Hm, bei einem Erstbesuch?!)
Mum: »Ich will sterben.«
Sie: »Das haben wir nicht in der Hand, das bestimmt (Blick nach oben) Er.«
Ach ja, das Palliativprogramm für München Land kommt von der Caritas, von der Erzdiözese, von ganz oben also.
Ihr Telefon meldet sich schon wieder. Sie spricht stolz mit ihrem Chef: »Ich bin gerade bei einer Klientin, die habe ich durch Networking bei Hausärzten bekommen.«
Die Klientin, Mum, sitzt da und weiß nicht so recht, was hier abläuft. Sie will gerade über ihre Angst vor dem Sterben reden, da klingelt das Telefon wieder. Ergebnis des Besuchs: Mum will sterben, aber sie bekommt Physiotherapie und wahrscheinlich ein Antidepressivum. Schuld ist Mum an dieser Situation selbst. Ihre ständig gewachsene Unterwerfung unter die Schulmedizin bzw. ihr Glaube daran beschert ihr täglich sieben Pillen, Happy Pills und den ganzen Apparatepark dazu. Ist das eine Erleichterung im hohen Alter?
»Sie müssen keine Angst vor dem Sterben haben«, sagt die junge Krankenschwester, die vielleicht viele Menschen sterben sah, aber natürlich keine Ahnung hat, wie es sich anfühlt, wenn unweigerlich die letzten Tage kommen. Elisabeth Kübler-Ross, die unzählige Menschen

beim Sterben begleitet und den Tod idealisiert hat, hatte selbst nach einem Schlaganfall einen sehr schweren Todeskampf, den sie als elenden Zustand empfand, der sich über Jahre hinzog.

Heute sieht es so aus: Viele alte Menschen gleiten medizinisch abgedämpft in die letzten Lebensjahre, die auch die lukrativsten Jahre der pharmazeutischen, technischen und palliativen Rundumbetreuung sind. Wer das alles nicht will, muss rechtzeitig in ein sehr armes Land gehen, das sich diese Lebensverlängerung nicht leisten kann.
Das eine ist die hehre Theorie: selbstbestimmt sterben, im Alter eigenmächtig sein bzw. bleiben. Nur die Hilfe angeboten bekommen, die wirklich guttut usw. Das andere ist die Praxis. Und da herrschen auch in der Palliativmedizin Zeit, Geld und Ideologie. Hier bei der mobilen Palliativversorung der Caritas herrscht der liebe Gott. Die Vorschläge: Morphin und Stimmungsaufheller. Was bitte hat das mit Selbstbestimmtheit zu tun? Meine Mutter hat Asthma und vom Leben irgendwie die Nase voll, denn ihr Leben war interessant und auch ein bisschen wild. Jetzt schaut sie zurück und denkt sich: »Warum muss ich so reduziert leben und leben und leben?«

Für mich und meine Schwester ist es unbequem, dass meine Mutter sich mit dem Alter und ihrer Situation einfach nicht abfinden kann, aber wir setzen uns mit ihr auseinander, hören ihr zu, ich diskutiere mit ihr, wir streiten auch mal – ich behandle sie wie einen alten Menschen, den ich gern habe, nicht wie altes Gemüse.
Die Hospizbewegung in allen Ehren, aber was ich bis jetzt davon gesehen und gehört habe, lässt mir die Haare zu Berge stehen. Die erste Mitarbeiterin, die sich meldete, erzählte mir eine halbe Stunde lang vom schrecklichen Sterben ihres Mannes, bis ich ausrief: »Ich brauche nicht Ihre Horrorgeschichten, ich brauche Hilfe.« Aber von der Frau war die nicht zu bekommen. Die fühlte sich wie der Gutmensch in Person. Da sollte ich auch noch dankbar sein.
Je länger ich mit meiner 92-jährigen Mutter zusammenlebe und in der unmittelbaren Nachbarschaft die zwei 82-jährigen Nachbarinnen miterlebe, ihre Einkäufe hochtrage und ihre kleinen Probleme behebe, desto ambivalenter stehe ich zu »Alter in der Leistungsgesellschaft«. Es ist wie mit dem Kindergroßziehen: viel Arbeit und kein Lohn, weil sich in Wirklichkeit nur jemand für sie interessiert, wenn damit irgendwie Geld zu machen ist. Du bekommst alle Geräte, alle Produkte, aber die Menschen, die in der Altersbranche arbeiten, sind krass unterbezahlt und meine

Schwester und ich bekommen natürlich fast nix, denn das Pflegegeld geht für die Schwestern, die morgens kommen, nahezu komplett drauf.

Was die Palliativschwester angeht: Ich sage zu ihr: »Das geht nicht, dass Sie bei einem Erstbesuch telefonieren«, sie sagt, es tue ihr leid, aber sie habe Bereitschaft und deutet an, dass so Leute wie Mum und ich nicht verstehen, wie wichtig sie ist. Und sie war sowieso kaum eine halbe Stunde da. Ich habe wirklich noch nie ein Telefongespräch geführt, wenn jemand mir etwas erzählt hat.

Das letzte Drittel

Für den allerletzten Lebensabschnitt gibt es mittlerweile eine gut funktionierende, eingespielte Branche, der es an Geld nicht mangelt – die Palliativmedizin. Sie ist ein lukratives Geschäft. Waren alte Menschen noch vor 20 Jahren auf dem Abstellgleis, sind sie heute die neue Zielgruppe für alle Arten von Industrie und Produktion. Die Alten haben das Geld. Sie werden in den nächsten zehn Jahren Milliardenwerte vererben, warum nicht gleich abgreifen, was zu holen ist? Um die Jungen muss man sich nicht mehr so kümmern, sie hängen alle an der Kommunikationstechnologie, haben ihre Bedürfnisse publik gemacht und es ist kein Geheimnis mehr, wie man ihnen das wenige Geld, das sie vielleicht haben mögen, aus der Tasche zieht. Aber die Alten – die sind die neuen Goldesel. Sind sie noch fit, lockt man sie auf Kreuzfahrtschiffe, in Busse oder Luxushotels, schickt sie auf geführte Wanderungen und Erlebnistouren. Diese Kaffeefahrten für Reiche lassen sich lukrativ gestalten. Man kommt den Menschen entgegen, die nicht allein reisen wollen, und schiebt sie von einem Erlebnis zum nächsten Event mit Shopping-Möglichkeit. Auch die gesündesten und körperbewusstesten Menschen werden irgendwann etwas gebrechlicher. Jetzt setzt die Hilfsmaschinerie ein. Die Werbesequenzen im Vorabendprogramm zeigen es: vom Rollator über den erhöhten Toilettensitz bis hin zum Abführmittel, über Treppenlift und Badewannenlifter zu den Utensilien für die Inkontinenz – Alte sind die reinste Geldmaschine für Zulieferfirmen.

Sehr alte Menschen verlieren langsam ihre Persönlichkeit, weil das Leben nur noch um Nahrungsaufnahme und Ausscheidungen, um Fernsehen und Todesanzeigen kreist. Noch extremer ist es bei dementen Menschen. Sie tauchen in ihre eigene Welt ab, in eine Welt der zufälligen Kombinationen von Bildern, Worten und Gefühlen, die für pflegende Menschen kaum nachvollziehbar ist. Egal wie sehr dieser Zustand schöngeredet wird – für pflegende Angehörige oder Schwestern bzw. Pflegekräfte ist er eine echte Herausforderung. Wie fühlt sich das an, wenn man gerade alles sauber gemacht hat und plötzlich wieder eine Spur von Exkrementen oder Urin durch die Wohnung läuft, wenn man übel riechende Fragmente an Schranktüren oder in

Ritzen im Bad findet, wenn gerade frisch angezogene Kleidung und Unterwäsche wieder ausgetauscht und gewaschen werden muss, weil sie nass ist und stinkt?
Wie fühlt es sich für eine alte Person an, wenn sie sich, geistig noch klar, erinnert, wie interessant ihr Leben war, und jetzt stehen essen, verdauen und fernsehen im Mittelpunkt des Lebens, weil alles andere körperlich nicht mehr zu schaffen ist?
Neulich habe ich beim Einkaufen einen früheren Nachbarn meiner Mutter getroffen. Er erzählte mir begeistert, wie er einmal den Schlüssel vergessen hatte und meine Mutter ohne zu zögern im zweiten Stock über ihren Balkon zu seiner offenen Balkontür gestiegen war, um ihm die Wohnungstür zu öffnen. Meine Mutter war Bergsteigerin, hat im Dirndl Rock 'n' Roll getanzt und konnte unglaublich schön singen und jodeln. Nach einem Christbaumbrand bekam sie vermutlich durch das Einatmen der ätherischen Öle Asthma, das Cortison zerstörte ihre Stimme und sie konnte nicht mehr bergsteigen. Alles, was sie am meisten liebte, wurde ihr nach und nach genommen. Ist es da nicht ein bisschen zynisch, wenn man, wie einige meiner LeserInnen, sagt, man werde im Alter nicht anders, als man vorher schon war, da das Alter ja nur eine Fortsetzung des bisherigen Lebens sei? Leider hat Karl Marx

mit seinem Ausspruch »Das Sein bestimmt das Bewusstsein« recht. Wenn die Lebensumstände komplizierter, der körperliche Zustand schlechter werden, ist es fast unvermeidlich, dass auch einst putzmuntere Menschen anfangen, psychisch abzubauen.

Es stimmt zwar auf eine gewisse Art schon, dass die »Grundeinstellung« eines Menschen im Alter deutlich wird, doch das Leben, das man leben kann, prägt natürlich auch die Persönlichkeit, die Stimmungen. Meine Mutter war eine engagierte, mutige, gesellige Frau. Durch Asthma und Hörverlust wurde sie zurückhaltender, schließlich auch missmutig. Wenn das Leben von Schmerzen und Gebrechen durchsetzt ist, bleibt doch von der heiteren, sorglosen Persönlichkeit nichts übrig. Natürlich werden immer wieder alte Menschen als Vorbilder genannt, die ihr Leiden geduldig ertragen, die stoisch alle Altersgebrechen hinnehmen. Da ist mir allerdings meine Mutter lieber, die sich auflehnt, die sich noch nicht mit der Tatsache abgefunden hat, dass in ihrem Leben nichts mehr läuft. Die nie sagen würde: »Immer lächeln!«

Wer das Alter idealisieren will, findet immer Beispiele von topfitten alten Frauen oder Männern, die noch auf hohe Berge steigen, Yoga machen usw. Klar, die gibt es. Doch der Alltag der allermeisten Alten sieht eben ganz anders aus.

In der Werbung wird uns ein idealisierter Alterungsprozess vorgegaukelt. Der körperliche Niedergang, die Stimmungsschwankungen, die damit einhergehen, die Strapazen für pflegende Angehörige – all das wird interessanterweise genauso verdrängt wie die Mühen der Geburt und der Kinderbetreuung.
Pflege war für mich einst ein freundliches Wort, heute steht es allein im Strom der Worte, umgeben von Stacheln. Pflege – das bedeutet, es ist nie genug. Es hört nie auf. Die eigene Energie wird aufgesaugt, bis nichts übrig ist.
Da ich meine Mutter liebte, ich mir ihre Pflege mit meiner Schwester teilte und ab und zu an meinem Rückzugsort abtauchen konnte, gelang es mir immer wieder, Kraft zu schöpfen, mit ihr zu lachen, alle fünfe grade sein zu lassen. Ich verzieh ihr die Anfälle von Unverschämtheit, die sie gelegentlich hatte. Ich lachte darüber, dass sie FreundInnen sagte, ich wolle sie schon wieder ins Krankenhaus abschieben – sie hatte sich beim Sturz das Schulterblatt verschoben und Schmerzen, wollte aber partout weder geröntgt werden noch das Problem angehen. Ich verstand sie. Sie war eine lebenslustige, vitale Frau, die ein Leben lang Bergsteigen ging, eine Wander- und eine Singgruppe gegründet und ein höchst geselliges Leben geführt hatte. Diese Wirklichkeit war in ihrem Kopf noch aktiv, während ihr uralter

Körper nichts mehr mitmachen konnte. Asthma nahm ihr schon lange die Beweglichkeit. Cortisonsprays und Luftnot nahmen ihr die Stimme. Letztendlich schaffte sie die Treppe zum ersten Stock nicht mehr und musste immer in der Wohnung bzw. auf dem Balkon sein. Für ein lebendiges Hirn ist das eine Qual. Sie sah sich immer noch als die Frau mitten im Leben, die sie war. Sie wunderte sich, dass so wenig Besuch kam, und hatte doch mit ihren über 90 Jahren viel mehr Besuch als ihre gleichaltrigen Freundinnen. Sie spielte gern Karten und hatte sogar eine Nachbarin, die fast jeden Tag mit ihr spielen wollte. Und doch war es nicht genug. Wenn ihr Freundinnen sagten: »Sei doch zufrieden, du hast zwei Töchter, die sich liebevoll um dich kümmern, eine schöne Wohnung und keine finanziellen Sorgen, du hast noch Freunde und Freundinnen, die zu dir kommen«, dann sagte sie: »Ja, ich weiß! Ich bin ja dankbar.« Aber sie wollte nicht dankbar sein. Sie wollte leben. Sie wollte die sein, die sie war. Sie wollte nicht be-kümmert werden. Sie wollte nicht von uns abhängig sein, zumal wir natürlich ein völlig anderes Leben lebten, das sie nicht verstand. Sie sah sich nicht als die uralte Frau, die sie war, sondern als die Frau, die noch in ihr lebte, die rauswollte und Bestätigung suchte.

Das ist genau der Ansatzpunkt, der für uralte Menschen so gefährlich wird. Da ist der Versicherungsvertreter, der meiner Mutter mit 91 noch einen Zehn-Jahres-Sparvertrag andrehen wollte, damit er eine Abschlussprämie bekommt. Da ist die Putzfrau einer Freundin, die mit ihrer (unwahren) Familiengeschichte bei der alten Mutter auf die Tränendrüsen drückt. Die Angehörigen sind ein bisschen genervt von der Lebensgier ihrer alten Eltern, da kommen die AbzockerInnen ins Spiel, die so tun, als liebten sie diesen alten Menschen. Sie schleimen sich ein, bestätigen, was der alte Mensch hören will, und machen heimlich noch die Familie schlecht (»Die wollen doch nur an ihr Erbe«). Die besonders freundlich tun und dafür Geld erwarten. Wenn ich zu meiner Mutter sage: »Freundlichkeit kostet nichts. Du musst niemandem Geld geben, damit er oder sie nett zu dir ist!«, schaut sie mich groß an. Das ist ihr letztes Vergnügen: ihr Geld austeilen.

Gerade Menschen, die ihr Leben lang Macht und Einfluss hatten, sehen überhaupt nicht ein, dass sie sich im Alter aufs Altenteil zurückziehen und Ruhe geben sollen. Sie wollen etwas von der Bewunderung, von der Unterwerfung, von der Anerkennung spüren, die ihnen früher entgegenkam. Hier setzen dann oft die modernen RaubritterInnen an. Es gibt natürlich überall auf der Welt skrupellose GeschäftemacherInnen, die sich auf Menschenhandel, Menschenraub, Ausbeutung von Menschen spezialisiert haben, von Flüchtlingsbooten über Organhandel bis zur »Pflege« von Alten und Dementen. Kriminelle Banden haben die Profitmöglichkeiten schnell erkannt.

Menschen werden heute nicht mehr »entmündigt«. Das wird vom Gesetz als Entwürdigung gesehen, deshalb gibt es dort, wo der »freie Wille« nicht mehr greift, den »natürlichen Willen«. Als natürlicher Wille wird der Wunsch eines Menschen angesehen, der, auch wenn er bzw. sie dement oder geistig eingeschränkt ist und eigentlich nicht mehr wirklich entscheiden kann, was gut für ihn bzw. sie ist, aber trotzdem etwas für sich beschließt, was dem natürlichen Willen entspricht, also beispielsweise einer Person Geld zu geben, die man »liebt«, oder etwas zu kaufen bzw. kaufen zu lassen, was man gern haben möchte. Das führt dazu, dass unter Umständen Personen, die zur Pflege angestellt wurden, eine hilflose Person, die Bestätigung oder gar Macht fühlen möchte, wie eine Weihnachtsgans ausnehmen können. Theoretisch könnte eine Pflegekraft die hilflose Person sogar heiraten oder adoptieren. Es gibt Fälle, die gerade vor Gericht verhandelt werden oder bei denen das von Richtern als Möglichkeit toleriert wurde.

Natürlich gibt es auch raffgierige Angehörige, die nur darauf warten, dass der bzw. die reiche Verwandte endlich ins Gras beißt, damit das Geld fließen kann. Zu unterscheiden, ob es um Zuneigung oder Geldgier geht, wird immer mehr zur Aufgabe der Gerichte, die damit natürlich überfordert sind.

Das letzte Drittel des Lebens ist eine Gefahrenzone, mit der wir alle vermutlich nicht gerechnet haben. Niemand ist davor gefeit, hilflos oder dement zu werden. Niemand kann sicher sein, nicht in die Pflegefalle zu geraten oder durch die Pflege alter Angehöriger finanziell ruiniert zu werden. Die Lebenszeit, die uns immer am wenigsten interessiert hat, wird nun zur Problemzone Nummer eins: Wie sollen wir alt werden, wie sollen wir mit unseren Alten umgehen, ohne zu scheitern, ohne uns aufzureiben, ohne daran zugrunde zu gehen, bevor sie endlich sterben dürfen?
Eine gute Methode scheint zu sein, möglichst wenig Geld zu haben, dann fallen schon mal alle Abzocker weg. In der Medizin hat sich das, wie ich finde, auch sehr bewährt: Wenn die Kassen wenig zahlen, wird eben nur das Nötigste gemacht, dann kommt auch nicht der Herr Professor, der für einen Blick auf den Bauch 200 Euro Kompensation will. Allerdings kann das im Alter bedeuten, in einem Mehrbettzimmer dahinzuvegetieren. Wer das nicht will, muss trainieren, beweglich bleiben und mit zwei Tüten flüchten, wenn es so weit ist.
Das jedenfalls ist meine Alternative zum Heim.

Pflegen lassen will ich mich nicht, wie fast alle Menschen, die noch darüber nachdenken können. Ich sehe die alten Frauen und Männer in dem portugiesischen Dorf, in das ich mich ab und zu gern zurückziehe, und halte das nicht für das schlechteste Leben. Die alten Männer sitzen auf der überdachten Terrasse des *Centro Cultural* und spielen Karten. Die Frauen sitzen vor ihren Häuschen auf der Straße, wärmen sich in der ersten Sonne des Tages und kühlen sich am Mittag im Haus bei einem Mittagsschlaf ab. Manche nehmen *Apoio domiciliário* von der Gemeinde an, Hilfe zu Hause. Gegen Abend schlurfen sie an den Hauswänden entlang zum Laden, wo schon mehrere Hocker bereitstehen und sie miteinander ratschen. Wer nicht mehr selbst einkaufen kann, bittet ein Kind darum und gibt ihm dafür ein paar Cents, eine Win-win-Situation! Die ärztliche Versorgung deckt natürlich nur das Allernötigste ab, notfalls wird man mit dem *Trasporto Doentes,* der Ambulanz, zum *Centro de Saúde,* dem Gesundheitszentrum, gefahren und behandelt. Mir wäre das genug! Die Düfte, die stille Nacht, der Hundegesang und die spröde Zärtlichkeit der wilden Katzen – keine so schlechte Aussicht fürs hohe Alter!

* * *

Aus meinem Tagebuch:

Hinter dir tanzen sie noch – vor dir kriechen sie schon. Erst jetzt, wo du älter bist, merkst du, dass das nie ein persönlicher Weg, eine persönliche Geschichte war. Es war immer schon eine Art Ameisenhaufen, der sich in eine bestimmte Richtung bewegt, dorthin, wo diese Kante ist, hinter der Menschen im schwarzen Loch verschwinden, deren Namen dann in den Todesanzeigen auftauchen.

Grenzen sind gefährlich. Es gibt dort die Schleuser, die Betrüger, die Diebe, die Abzocker. Hier wartet die lächelnde Armee der Altenindustrie, der Altenpflege, der Sterbeindustrie. Jetzt oder nie wirst du richtig ausgepresst, bis dir nichts mehr als Haut und Knochen bleiben und die verlierst du dann ja sowieso – also was solls. Du bekommst für deine letzten Meter den Rollator, das Sauerstoffgerät, den Treppenlift, den Badewannenlift, den Nachtstuhl, das Pflegebett. Dann kommen die Vampire und saugen an dir, alle wollen noch verdienen, aber das hübsche Foto von der alten Dame und der freundlichen Pflegerin, die sie liebevoll umarmt, ist wie der Kundenstopper vor der Metzgerei: Was dahinter ist – der Gestank nach Ausscheidungen, das Klagen und Jammern, die Quälerei mit der Nahrungsaufnahme und dem Stuhlgang, der nicht kom-

men will, die Trauer um das verlorene Leben, die verlorenen Menschen und die Fassungslosigkeit angesichts der großen Leere –, das wollen wir nicht wissen.
Du zitterst in deiner Warteschleife. Wahr ist, dass dir da niemand wirklich helfen kann. Weil es niemanden gibt, der dir tatsächlich sagen kann, wie es ist zu sterben, weil noch niemand gestorben ist und zurückkam, auch wenn es noch so viele behaupten.
So willst du nicht alt werden? Ich auch nicht. Aber glaub mir, egal wie toll du warst, wie berühmt, wie reich, wie nett, wie anständig, wie gerissen, wie gemein – wenn du alt genug bist, zählt nichts mehr und bist du tot, dann gibt es vielleicht noch ein paar Nachrufe, ein paar Erinnerungen an dich, dann wirst du blasser und blasser. Vielleicht wird eines deiner Bilder eine Ikone, wie bei Marilyn Monroe oder Che Guevara, aber das hat ja dann mit dir wirklich nichts mehr zu tun.

Wer pflegt, muss ein dickes Fell und viel Humor haben

Für Claus Fussek, den ewigen Kritiker der Zustände in Pflegeheimen, der natürlich recht hat, ist die Situation klar: Alte Menschen haben ein Recht darauf, gut betreut und liebevoll behandelt zu werden. Und in der Presse sind der Missstand in Heimen oder einzelne Horrorgeschichten von Alten, die gequält, festgebunden oder ruhiggestellt werden, beliebte Themen, wenn nichts anderes los ist.

Alle sprechen von der Würde der Alten, aber was ist eigentlich mit der Würde der Pflegenden? Was ist mit den alten Menschen, die unhöflich, gewalttätig, gemein, unverschämt oder arrogant sind und nicht etwa froh, dass überhaupt jemand die Arbeit machen will?

»Wenn wir zu dem alten Mann gefahren sind, und wir sind sowieso schon immer zu zweit zu ihm, weil er so gewalttätig war«, erzählt eine Pflegeschwester, »dann hatten wir ein flaues Gefühl im Magen. Was wird er diesmal machen? Einmal hat er sogar auf uns geschossen. Er war halt schon ein bisschen dement. Man konnte nicht mit ihm reden. Aber er konnte sich eben auch nicht mehr selbst versorgen.«

Eine Altenpflegerin, die in einem Heim arbeitet, sagt: »Das musst du auch erst mal aushalten, jeden Morgen von überall das Jammern und Klagen: ›Wofür bin ich denn überhaupt noch da? Mich besucht kein Mensch. Ich möchte am liebsten sterben!‹«

»Es gibt zwar viele alte Menschen, die sehr freundlich sind und dankbar, wenn man ihnen hilft, doch es gibt noch viel mehr, die über ihre Situation so verzweifelt sind, dass man ihnen einfach nichts recht machen kann«, sagt eine andere Schwester.

Viele Familien holen sich Pflegerinnen aus Kroatien oder aus Polen, das war eine Zeit lang die Grauzone in der Pflegesituation. Pflegerinnen kamen mit einem Dreimonatsvisum, bekamen von der Familie eine Reisekrankenversicherung und schickten eine Freundin, eine Nachbarin oder eine Schwester, wenn sie zurückfuhren. Das funktionierte für die Familien gut. Durch die illegale Arbeitssituation konnten die Pflegerinnen keine Ansprüche stellen und sich nicht wehren, wenn sie schlecht behandelt wurden. Mittlerweile wurde diese Situation legalisiert, die Frauen werden meistens von Agenturen vermittelt, bekommen rund

1200 Euro, die Agentur nimmt 1800 Euro. Doch wie kann eine einzelne Frau eine 24-Stunden-Pflege übernehmen? Die Vermittlung von »Osteuropäerinnen« erinnert an die Feudalherrschaft, bei der die arbeitenden Menschen bezüglich Wohnung und Essen von ihrer Diensthérrschaft abhängig sind und mit ihrem Lohn an die Agentur gebunden bleiben – keine Arbeit, keine Wohnung.

»Mei, diese Kroatin!«, ruft eine Bekannte meiner Mutter aus. »›Was liegst du denn auf dem Kanapee‹, hab ich zu ihr gesagt, ›ich zahl dir viel Geld, steh auf und putz!‹«

Eine andere beschwert sich: »Die war ja Alkoholikerin, wir haben die Flaschen unter dem Schrank gefunden. Und als sie gefahren ist, hat sie die Gartenmöbel mitgenommen.« Es stellte sich allerdings heraus, dass die Gartenmöbel vom Sohn in den Keller gebracht worden waren, und wenn ich für diese Frau gearbeitet hätte, wäre vermutlich sogar ich, obwohl ich keinen Alkohol vertrage, zur Alkoholikerin geworden.

Alte Leute verlieren an Macht und Einfluss, falls sie das je hatten. Nicht alle können damit gut umgehen. Die einen versuchen mit Geld, Pflegerinnen zu beeindrucken, und wollen sie womöglich sogar heiraten, andere schikanieren sie, weil sie genau wissen, dass diese den Job brauchen und keine Alternative haben.

Der alte, demente Mann einer Freundin hat ihr eröffnet, dass er sich in seine Pflegerin verliebt hat und sie heiraten will.
»Sie ist verheiratet und du bist mit mir verheiratet«, sagte meine Freundin nur.
»Na und, es gibt ja auch Scheidungen«, meinte er störrisch. Er ist fast 90, doch mit der neuen Rechtsprechung wird ihm der Heiratswunsch womöglich als Erfüllung des »natürlichen Willens« genehmigt, den man zu respektieren hat. Zur Beruhigung meiner Freundin hat die Pflegerin allerdings keine Ambitionen, den alten Herrn zu heiraten …

Herzen werden zu
mördergruben
auf den zungen formt die säure
des hasses krasse worte
stimmen überschlagen sich
menschen schlagen um sich
die trübnis muss sich setzen
damit der blick wieder klar wird

* * *

Aus meinem Tagebuch:

Mum ist mal wieder gestorben und wiederauferstanden. Plötzlich sackt sie zusammen, das Gesicht hängt ihr so komisch runter, sie kann nicht sprechen, ist kalkweiß. Ich schaffe es nicht, sie ins Bett zu heben, und sie hängt an der Bettkante. Also Hausnotruf. Ich glaube, es ist ein Schlaganfall. Die Sanitäter kommen. Zwei von ihnen sind hier im Ort aufgewachsen und kennen sie. Sie heben Mum ins Bett. Die Nachbarin kommt, sie arbeitet in der Praxis der Hausärztin meiner Mutter, dann kommt noch ein russischer Notarzt mit einer jungen Assistentin. Er ist total nett zu ihr. Ein Zugang wird in der Hand gelegt, Mum bekommt eine Infusion, der Blutdruck geht langsam runter. Ich weiß, was jetzt kommt: Der Arzt erklärt mir, dass es mit Mum zu Ende geht.

Tatsächlich schläft sie stundenlang, und als sie aufsteht und im Sessel sitzt, sinkt sie wieder ein, kalkweiß, wie sterbend. Jetzt kommt die Nachbarin, die mit ihr Karten spielt und mir gelegentlich sagt, dass ich alles falsch mache. In Mum kommt Leben. Sie richtet sich stöhnend auf. Der Rest ist das Übliche: Rummikub spielen. Sie lebt auf.

Morgens kommt die Pflegeschwester und sagt mir ebenfalls: »Es geht nicht mehr lang.«

Ich muss lachen und hoffe, sie versteht es nicht

falsch. Mum ist besonders schlecht gelaunt und sagt mir, dass Pfannkuchen nicht mit Butterschmalz, sondern mit Butter gemacht werden müssen.
Später spielen wir Rummi und dann kommt doch glatt noch die Nachbarin und spielt bis halb acht mit ihr. Aber dann pressiert es Mum derart zum Klo, dass sie im Flur hinfällt. Beule am Kopf. Aber die Reflexe sind okay. Mal abwarten. Ich hab sie ins Bett gelegt mit einem Eisbeutel auf dem Kopf und Sauerstoff. Und ich frage mich, ob sie nicht doch einen kleinen Schlaganfall hatte, weil sie so unsicher ist und auch vom Kopf her ab und zu eine Info fehlt. Aber sie lächelt und dann schläft sie sehr gut.

Wie alt sollen wir werden? Oder: Wie sollen wir alt werden?

Die Best Ager, die uns überall präsentiert werden, sind meistens zwischen 60 und 80 Jahre alt, da ist alt sein keine Kunst, denn das Leben ist noch aufregend. Die Zeit zieht zwar wie ein starker Strom dahin, der alles mitreißt, doch lässt sie noch einen Rücklauf, eine Gemächlichkeit, eine stille Heiterkeit zu. Über den letzten Rest des Lebens erfahren wir jedoch wenig.

Ab und zu werden uns die Alterschampions vorgestellt: Queen Mum wird zum Vorbild – sie ist mit 101 Jahren gestorben und hat jeden Tag eine gute Dosis Gin eingenommen, den meine Mutter Wacholder nennt, weil das gesünder klingt. Die 103-jährige Whiskybrennerin auf den Orkneyinseln gefällt uns auch allen gut. Von Jopi Heesters wollen wir gar nicht reden! Und wir lachen auch gern noch über folgenden Witz:

Eine Fee kommt zu einem alten Paar, er 80, sie 70 Jahre alt, und sagt: »Ihr wart ein Leben lang so brav, jetzt dürft ihr einen Wunsch aussprechen.«

Sie sagt: »Ach, ein Häuschen am Meer, das wäre schön.«
Schwupp, sitzen sie im Häuschen am Meer.
»Und du?«, fragt die Fee den Mann.
»Eine Frau, die 20 Jahre jünger ist!«, sagt er.
Schwupp, ist er 100.
Und über die drei Männer, die über die schönsten Dinge im Leben nachdenken, amüsieren wir uns auch:
»Essen«, sagt der eine.
»Saufen«, sagt der andere.
Und der Dritte grübelt: »Da hat es doch noch was gegeben ...«
Doch wirklich vorstellen können wir uns das hohe Alter für uns selbst nicht. Gebrechlichkeit, Unduldsamkeit, Inkontinenz und Hilflosigkeit, totale Abhängigkeit von anderen Menschen – ich doch nicht. Es ist wie mit den schrecklichen Katastrophen, die andere treffen, aber nicht einen selbst. Wir haben es doch in der Hand! Das mache ich nie! So bin ich nicht! So werde ich nicht! Wie oft höre ich das von Freundinnen und denke daran, dass meine Mutter und ihre Freundinnen das auch gedacht und gesagt haben. Noch mit über 90 trafen sie sich wöchentlich zum Stammtisch. Jetzt sind zwei gestorben. Zwei sind praktisch blind und meine Mutter ist so unbeweglich geworden, dass sie die Treppe nicht mehr schafft. Ihr Asthma behindert sie bei jeder Anstrengung,

ja bei jeder Bewegung, und weil sie fast komplett taub ist, bekommt sie Gespräche und Diskussionen nicht mehr mit. Gelegentlich taumelt sie, ich muss sie auffangen und in einer Art Tanz wanken wir dann zum Sofa, wo ich sie vorsichtig hinuntergleiten lasse. Einen guten Fernseher zu haben ist schon fast die wichtigste Voraussetzung für ein einigermaßen befriedigendes Leben im hohen Alter.

Natürlich wäre beizeiten barrierefreies Wohnen eine gute Voraussetzung, um am Leben noch teilzuhaben, und wenn es die Möglichkeit zum Singen, Malen oder Theaterspielen gibt, ist das natürlich wunderbar, doch wäre es keine Alternative für mich. Ich beschäftige mich doch nicht mit Kunst, Magie und Politik, um im Alter Kinderlieder zu singen oder kleine Aquarelle zu malen. Das klingt vielleicht arrogant, doch ist das ja vielleicht das größte Problem, dass man im Alter nicht mehr ernst genommen und infantilisiert wird, vielleicht sogar selbst infantil wird.

Aus meiner lebenslustigen, fröhlichen, verwegenen, mutigen, geistreichen, frechen Mutter wird so langsam eine zornige, ratlose alte Frau, die ihre Pflegerinnen gern für ihren jämmerlichen, unbefriedigenden Zustand verantwortlich macht. Zwar schimmern ihr Witz und ihre Heiterkeit immer noch durch, doch ihre körperlichen Gebrechen zerlegen sie. Ich finde es schwer zu ertragen, diese Veränderung zu beobachten und auszuhalten. Am besten geht es ihr, wenn wir mit ihr Ausflüge machen.

Wie können wir gut alt werden?

Es scheint drei Arten von Menschen zu geben, die das gut hinbekommen. Zu der einen gehören vor allem Frauen. Sie haben gelernt, sich den Launen und Kommandos ihrer Ehemänner oder Partner (wenn es Männer betrifft: ihrer Ehefrauen oder Partnerinnen) zu unterwerfen oder wenigstens anzupassen. Für sie ist das Altwerden eine Erlösung. Sie wollen einfach nur ihre Ruhe und mit etwas Glück haben sie die auch.

Die anderen haben immer noch eine Vision, oder überhaupt erst jetzt eine Vision, deren Erfüllung sie befriedigt. Die kann sexuell orientiert sein und da spielt es keine Rolle, ob die SexualpartnerInnen das ehrlich meinen oder einfach auf das Geld aus sind. Hemingway hat sich doch tatsächlich eingebildet, die blutjunge Adriana könnte wirklich in ihn verliebt sein. Picasso konnte immerhin seine Flammen noch malen, das verschaffte ihm zumindest die Illusion eines ewigen Lebens. Georgia O'Keeffe, die Malerin, reiste mit ihrem jungen Freund Juan durch die Welt, der ihrem Exmann Alfred Stieglitz so ähnlich sah, dass er einfach behauptete, er sei seine Reinkarnation, und sie das auch glauben wollte. Die Familie von Juan sprach von Georgia als der »Oma«. Die über 80-jährige Mae West stand auf sehr junge Männer und ließ sie antanzen. Das kostete sie ein Vermögen, das sie aber gern ausgab, denn in den Tod konnte sie das Geld auch nicht mitnehmen. Von ihr stammt der Ausspruch: »Ist das eine Pistole in deiner Hose oder freust du dich nur, mich zu sehen?«

Auch politische oder kulturelle Interessen oder ein Engagement für Wohltätigkeitsverbände helfen beim Altwerden. Menschen, die sich bis ins hohe Alter engagieren, scheinen die Qualen des Alters besser verarbeiten zu können. So lebte Susanne Wenger, die Yorubapriesterin in Nigeria, noch im hohen Alter dafür, das Wissen der Yorubatradition und -religion an Jüngere weiterzugeben. Trudi Duby-Blom, die mit über 60 Jahren noch ein neues Leben in Südamerika angefangen hatte, arbeitete bis zu ihrem Tod an der Rettung des Ureinwohnervolkes der Lacandonen und ihrer Kultur. Die weit über 90-jährige Designerin und Stil-Ikone Iris Apfel ist nach wie vor in New York damit beschäftigt, mit ihrer Kleidung und vor allem ihren Brillen Aufsehen zu erregen. Und im Internet kursiert das Video einer über 90-jährigen Frau, die noch Yoga unterrichtet und Salsa tanzt.

Demenz ist womöglich auch eine Flucht vor einer Wirklichkeit, die einfach nicht mehr auszuhalten ist, eine Flucht aus der Unerträglichkeit. Vielleicht werden wir eines Tages feststellen, wie wir es bei Menschen mit Downsyndrom erlebten, dass das, was uns als Behinderung erscheint, auch eine Befreiung des Geistes ist.

Da Altersarmut ein Phänomen ist, das immer mehr Menschen treffen wird, erhoffe ich mir eine Bewegung, wie sie in den 1960er-Jahren begann: Wohn- und Lebensgemeinschaften, die ein lustiges Leben auch mit wenig Geld ermöglichen. Allerdings darf man nicht empfindlich sein, wenn man vorhat, mit anderen in einer Wohn- oder Hausgemeinschaft zu leben. In Zürich gibt es eine Gemeinschaft von sechs Frauen, die auf diese Weise die Einsamkeit im Alter gebannt haben. Jede Frau hat ihren eigenen kleinen Wohnbereich und eine Küchenzeile, es gibt einen Gemeinschaftsraum und eine große Küche, die für gemeinsames Kochen und Essen benutzt wird, wenn die Frauen das wollen. Das Wichtigste ist: kein Zwang, keine strengen Regeln. Nur wenn das Gemeinschaftsleben auf die Eigenarten aller TeilnehmerInnen Rücksicht nimmt, kann das Experiment gelingen.

Auch Beginenhäuser beschäftigen sich mit dem Thema Wohnen für Frauen im Alter. Die Beginen waren im Mittelalter Frauen, die nicht heiraten und nicht ins Kloster gehen, aber dennoch in spirituellen Gemeinschaften leben wollten. Heutige Beginenhäuser, z. B. in Köln und München, bieten Frauen Wohngemeinschaft in großen Häusern an, in denen jede ihren eigenen Lebensbereich hat.

Es ist wahrscheinlich eine gute Idee, sich bereits vor der Altersgebrechlichkeit Lebensumstände auszusuchen, die im Alter von Vorteil sind. Dazu gehört für mich: Ballast abwerfen und, wenn möglich, die Wohnsituation so verändern, dass man nicht viele Treppen steigen muss. Immer wieder sehe ich alte Leute, die gigantische Einkaufstüten nach Hause tragen – und keinen Rollator benutzen, weil der »alt macht«. Ein Rollator ist eine tolle Einrichtung, man kann den Einkauf deponieren und sich setzen, wenn man müde ist. Es ist auch besser, jeden Tag ein wenig zu gehen, zum Beispiel zum Einkaufen. Wer muss heute noch Lebensmittel horten?

Freundschaften zu pflegen gehört für mich auch zu einer guten Vorbereitung auf das Alter. Meine Mutter hatte bis zum Schluss immer wieder Besuch von Menschen, die sie sehr gern hatten, weil sie in jüngeren Jahren viel mit anderen Menschen unternahm, sie zum Essen oder zum Kaffee einlud und sehr gesellig war. Wer nie jemanden einlädt, muss sich nicht wundern, wenn im Alter niemand zu Besuch kommt. Gesprächsgruppen, Lesekreise oder gemeinsames Singen gehören auch zu einer schönen Gestaltung des Alltags im Alter. Endlich hat man dafür Zeit!

Was wir auf jeden Fall tun können: aufmerksam und wach alle Eventualitäten abklopfen und den schlimmsten Auswirkungen des Alters ein wenig entgegenwirken. Körperlicher Gebrechlichkeit kann mit milder Gymnastik und viel Bewegung an der frischen Luft vorgebeugt werden. Da Flüssigkeitsaufnahme im Alter ein Problem wird, es aber wichtig ist, genug zu trinken, und die meisten alten Menschen keine Vorstellung davon haben, was »genug« ist, kann man sich an den Rat von Pfarrer Kneipp halten: jede Stunde ein Glas Wasser. Und das ist auch für junge Menschen nicht falsch.

Eine gleichaltrige Freundin meiner Mutter nannte mir ihr Rezept für Gesundheit und Frohsinn im Alter: wenig essen, genug trinken und jeden Tag eine halbe Stunde zügig spazieren gehen.

Bereiten wir uns doch ruhig auf ein extrem hohes Alter vor. Wenn wir dann vorher sterben, können wir uns noch richtig freuen.

Lebend komme ich hier nicht mehr raus: Das Leben im Seniorenheim

Ich gehe jedenfalls mal nicht in ein Altenheim« – das sagen viele, die über ihr Alter nachdenken. »Lieber sitze ich mit zwei Tüten unter der Brücke, bevor ich in ein Heim gehe«, sagte ich mal und das ist womöglich genau der Knackpunkt. Ein starker Spruch, ein paar wilde Ideen und dann? Reicht die freche Energie, um den Rest des Lebens allein zu surfen? Um sich bis zu einem Laden zu schleppen und Essen zuzubereiten? Plötzlich ist man eben doch alt, gebrechlich, hat nie viel Geld gehabt, kaum Rente. Wohin also? Ins Heim. Weil sich vielleicht niemand findet, die bzw. der Lust hat, sich um uns zu kümmern, oder weil wir das gar nicht wollen. Weil wir dement, inkontinent, gebrechlich, krank oder einfach nur komplett abhängig von Hilfe sind. Aber was ist das Heim?

»Da sind ja nur alte Leute!«, sagte meine Mutter, als wir sie zur Kurzzeitpflege brachten, weil wir endlich mal gemeinsam Urlaub machen wollten, meine Schwester und ich. Und tatsächlich war das, was auf den ersten Blick ganz schön aussah – ein großer Garten, große helle Räume, nettes, freundliches Personal, relativ wenig Insassen (aha, da war es schon, das Wort) –, plötzlich so deprimierend. Diese langen Gänge, auf denen alte Leute, eigentlich hauptsächlich alte Frauen, dahinschlurften, ein riesiger Speisesaal, hell und sonnig, in dem sich die zehn oder zwölf Einwohnerinnen verloren. An einem Tisch eine demente Frau, festgeschnallt in einem Spezialrollstuhl, die fortwährend verzweifelt »Frau Moser! Frau Moser!« rief. Erloschene Gesichter, kaum ein Gespräch, Ratlosigkeit. Eine Frau, vermutlich jünger als ich, der die Beine amputiert wurden und die jetzt lebenslänglich einsitzt, anders kann ich es gar nicht ausdrücken.

»Frau Moser! Frau Moser!«, ruft die demente Frau wieder.

»Wer ist denn die Frau Moser?«, frage ich.

Jetzt wird sie plötzlich ganz ruhig. Denkt nach. Doch der Geistesfaden reicht nicht aus, um am Netz der gelebten Erfahrungen angeknüpft zu werden.

»Frau Moser! Frau Moser!«

»Wie geht es Ihnen?«, frage ich eine elegante, für ein Heim ziemlich jung aussehende Frau.
»Am liebsten gut«, sagt sie lächelnd.
»Sie sehen so jung und fit aus«, sage ich.
»Ich bin ja nicht immer hier«, sagt sie und ich denke an das psychiatrische Heim, in dem ich mal eine Frau besuchte. Da konnte ich einfach nie richtig einschätzen, wer die PatientInnen und wer die BetreuerInnen waren. Diese Frau ist wahrscheinlich eine Beschäftigungstherapeutin oder eine der Frauen vom Hospizverein.
»Abends gehe ich immer heim zu meinem Mann. Ich habe es nicht weit«, sagt sie.
»Wohnen Sie in der Nähe?«, frage ich.
»Ja, nur eine U-Bahn-Station weg«, antwortet sie und schnappt sich ihre Tischnachbarin. »Kommen Sie, wir gehen spazieren.«
Eine U-Bahn gibt es in München, aber nicht hier auf dem Land. Aha.
»Lebendig komme ich hier nicht mehr raus«, sagt die Nachbarin meiner Mutter.

Diese Endgültigkeit. Egal wie sonnig es ist, egal wie viele Blumen es gibt, egal wie freundlich das Personal ist – es ist die Endstation. Das Wartezimmer zum Tod. Alle spüren es: Es gibt kein Entrinnen mehr.
Wir werden durch Bilder, Musik, Töne und Filme beeinflusst. Sehen wir eine starke Frau,

fühlen wir uns als Frauen bestärkt, sehen wir gequälte Frauen, werden wir uns unwohl fühlen, vielleicht Angst bekommen. Sehen wir schöne Landschaften, weitet sich das Herz. Hören wir lustige Geschichten, lachen wir. Wenn ich Louise Bourgeois sehe, wie sie, über 90-jährig, lebhaft und entschlossen ein Interview gibt und nicht duldet, dass ihr etwas untergeschoben wird, was sie gar nicht sagen will, bin ich der Meinung, es kann gut sein, 90 zu werden. Wenn ich die Designerin Iris Apfel mit ihren riesigen Brillen und verrückten Outfits sehe, denke ich zwar, das wäre mir zu schrill, finde es aber interessant, wie frei auch eine 90-Jährige sein kann. Die Amerikanerin, die mit über 90 noch Salsa tanzt, löst zwar Unbehagen in mir aus – müssen wir wirklich bis zum Ende Hochleistungen vollbringen, nur damit andere uns bewundern? –, doch ist sie beweglich und eigenständig, was im Alter ja das Wichtigste ist. Doch ich frage mich, ob auch sie irgendwann in einem Heim enden wird. Vielleicht einfach nur später?

Wir brauchen geistige Anregung und eine Herausforderung für die Sinne. Identifikation wird nicht ein für alle Mal geschaffen und bleibt in uns, wir müssen sie erneuern, durch Anregungen bunter, dichter, stimmiger machen. Immer wieder. Jeden Tag. Doch das geschieht leider nicht durch gemeinsames Basteln oder Kinderlieder singen. Oder sagen wir: Mir würde es nicht reichen und ich sehe, dass es meiner Mutter auch nicht reicht. Es ist nicht die Schuld der Pflegerinnen oder Pfleger, dass das Ende todlangweilig werden kann. Das ganze System ist doch schief. Wo soll die Motivation für das Leben herkommen, wenn lauter Alte einander gegenübersitzen und im uralten Gesicht der anderen das eigene Ende kommen sehen?

Wer glücklich alt werden will, muss Reibung aushalten, muss sich noch herausfordern, muss auch mal das tun, was gerade am unbequemsten ist, und muss vor allem körperlich in der Lage sein, sich so lange wie möglich allein fortzubewegen. Das ist nicht immer möglich. Doch die Wahrnehmung des Körpers, des Atems, der Gefühle, sanfte Bewegungen und Dehnungen sind fast immer noch möglich. Sie geben den Anreiz, sich wieder lebendiger zu fühlen und womöglich Pläne zu machen.

Wohngemeinschaften gelingen oft nicht so gut. Wir werden im Alter meistens nicht gelassener, was die Angewohnheiten anderer angeht. Wir regen uns vielleicht sogar schneller auf, vieles nervt, was wir in der Jugend gar nicht bemerkt hätten. Hausgemeinschaften in barrierefreien, altersangepassten Häusern haben schon eher Erfolgsaussichten. Eine meiner Bekannten hat noch in recht jungen Jahren Paare gesucht, die an so einem »Alters-Gemeinschaftshaus« interessiert wären. So haben sechs Paare alles verkauft, was sie besaßen, und ein Haus gebaut, in dem sechs ebenerdige Wohnungen diesen sechs Paaren Platz bieten. Der Vorteil: Sie können sich bei Bedarf auch eine Betreuerin teilen und sich gegenseitig helfen.

Ich – auch schon nicht mehr jung – lebte über ein Jahr mit meiner über 90-jährigen Mutter in einer Wohngemeinschaft zusammen. Ich nannte es unsere Alters-WG, und die war für uns beide eine ziemliche Umstellung.

Ich betreute sie, kochte für sie und weil ich sie sehr gern hatte, störte sie mich nicht und ich störte sie auch kaum mit meiner Lebendigkeit. Ich forderte sie immer noch heraus. Das war vielleicht mühsam für sie, möglicherweise hätte sie lieber ihre Ruhe gehabt und vielleicht fand sie mich manchmal anstrengend, obwohl ich versuchte, möglichst ruhig und besonnen zu sein. Der Vorteil war, dass sie am Leben teilnahm. Dass sie Probleme, Reibung, Freude, Genuss miterlebte, im Gegensatz zum Heim, wo sie Frühstück, Mittagessen, Kaffee und Abendessen serviert bekommen und so sehr ihre Ruhe gehabt hätte, dass sie immer mehr in sich eingesunken wäre.

Während der Kurzzeitpflege empfand sie das

Heim manchmal als beruhigende, sichere Unterkunft. Sie fühlte sich nicht eingesperrt. Doch die langen Gänge, die großen Räume ängstigten sie. Als sie kaum zwei Tage dort war und meine Schwester und ich in Portugal unsere Rundreise angefangen hatten, klingelte das Mobiltelefon.

»Haben Sie Ihre Mutter abgeholt?«, fragte die Leiterin des Heims. Wir waren alarmiert: Mutter verschwunden? Abgehauen?

»Natürlich nicht, wir sind in Portugal«, sagten wir. Wir saßen am Meer und machten uns Sorgen, bereiteten uns schon auf die überstürzte Rückreise vor, als das Handy erneut klingelte.

»Wir haben sie gefunden«, sagte die Frau am anderen Ende. »Ausnahmsweise war heute die Friseurin da. Sie war bei ihr und ließ sich eine Dauerwelle machen.«

Wir mussten lachen. Das war unsere Mutter!

Ich besuchte sie noch einmal im Heim, bevor wir sie am nächsten Tag nach Hause holten. Wir gingen gerade an einer Zimmertür vorbei, als diese aufging und eine aufgeregte kleine Frau erschien.

»Ach, Sie sind es nur«, rief sie. »Ich verstecke mich immer im Zimmer. Und wenn ich Schritte höre – man weiß ja nie, wer vorbeigeht, gell, das kann ja auch …«

Sie lachte unsicher. Sie hatte recht. Die Eingangstür war immer offen, denn sie war zu schwer für die alten Menschen, um sie allein zu öffnen, doch kein Hindernis für Diebe. Die Schwelle war gerade zu hoch, um mit dem Rollstuhl darüberzufahren. Doch einladend genug, falls jemand nachts einmal durch die Zimmer schleichen und den Schmuck, die letzte Freude der Alten, stehlen wollte. Denn die Zimmer waren – selbstverständlich – auch nicht verschlossen. Das ging auch gar nicht, falls einmal etwas passierte, ein Notfall eintrat. Es war ein bisschen wie in Krankenhäusern. Tag und Nacht geöffnet, Zimmer unverschlossen und Personalmangel. Da würde ich mich auch nicht übermäßig sicher fühlen …

Als ich mich nach dem Heimbesuch auf den Weg nach Hause machte, wurde mir klar, was ich an diesem wirklich schönen Seniorenhaus am bedrückendsten fand: den Mangel an spiritueller, magischer oder wenigstens geistanregender Energie. Sie gaben sich Mühe, es wurden Feste gefeiert, mit Polonaise, bei der die fitten alten Menschen die im Rollstuhl schoben, einem Erdbeerfest, Kegeln mit Stoffkegeln und Kugel und einem Liedernachmittag.

Doch alle sind ins System gespannt, die BetreuerInnen haben zu viel bürokratische Arbeit zu tun, alles muss ja ständig dokumentiert werden, falls mal jemand die Idee hat, vor Gericht zu gehen. Die BewohnerInnen sitzen mehr oder weniger gefasst ihre Zeit ab, doch die Energien

wirbeln chaotisch im Raum. Angst, Frustration, Genervtheit, Ungeduld, Schicksalsergebenheit – da ist kein Platz für heitere Gelassenheit, für närrische Lust, obwohl man schon etwas daraus machen könnte, immerhin ist es der Lebensabschnitt, in dem es um nichts mehr geht. Zeit gibt es mehr als genug. Natur übrigens auch.
Wenn ich in diesem Heim wäre, was ich mir – zum Glück – nicht leisten kann, würde ich mein Zimmer in ein magisches Universum verwandeln, wie ich es immer und überall getan habe. Wie es auch meine schon lange verstorbene alte Freundin Hildegard getan hat. Als ich sie endlich mal im Heim besuchen durfte, staunte ich. Das Heim selbst war ziemlich scheußlich. Es roch nach Essen und Angst. Dann betrat ich ihr Zimmer. Sie hatte mit Amber geräuchert. Die Wände waren von unten bis oben mit Büchern bedeckt und am Boden lag ein persischer Seidenteppich. Ihr überaus bequemer Sessel war mit einem tibetischen Satteltuch verschönert und auf dem Tisch lagen die Bücher, aus denen sie Informationen über Labyrinthe und Trojaburgen, die Labyrinthe des Nordens, über die sie schrieb und forschte, herausfilterte. Sie war mit ihren 89 Jahren eine äußerst lebhafte und interessierte Frau. Bis tief in die Nacht schaute sie im Fernsehen Dokumentationen über fremde Länder und Völker an.
»Wir leben ohnehin hauptsächlich im Gehirn«,

sagte sie lächelnd. »Es ist doch egal, wo wir den Körper parken.«

Mit dem Heimpersonal hatte sie eine Übereinkunft. Die stellten ihr den Kaffee in einer Thermoskanne ins Zimmer, weil sie immer sehr lange schlief. Wenn sie Besuch bekam, ging sie hinaus, was sie allein nicht mehr riskieren konnte, weil sie sehr gebrechlich war. Doch machte sie auch am offenen Fenster ihre speziellen Atemübungen, die sie selbst erfunden hatte, und sprach mit dem Baum vor ihrem Fenster. Obwohl sie eine sehr kleine Rente hatte und keine großen Sprünge machen konnte, wusste sie sich ihren Luxus durchaus zu erhalten.

»Besorgen Sie mir doch bitte beim Dallmayr meinen Tee«, sagte sie etwa. Oder: »Wenn Sie einmal in die Stadt kommen, seien Sie doch so gut und bringen Sie mir von der Elly Seidl ein paar Pralinen mit.«

Selbstverständlich wurde das erledigt. Über Geld sprachen wir einfach nicht. Ein paar Jahre zuvor hatte sie mir noch in der Turnhalle der Volkshochschule – zu der sie einen Schlüssel hatte, weil sie mit den alten Menschen Seniorenturnen machte – die Tänze beigebracht, die in Labyrinthen von den Priesterinnen der Bärengöttin Artio getanzt worden waren, und war zum Aufwärmen mühelos in einen Spagat gefallen. Da war sie schon weit über 80 und ich konnte nicht mit ihr

mithalten. Doch auch, als sie gebrechlich wurde, war ihre geistige Kraft ungebrochen. Nun ließ sie den Körper ruhen und reiste mit dem Geist.
Als sie nicht mehr leben wollte, hörte sie einfach auf zu essen und zu trinken und sagte den BetreuerInnen, es sei gut so, sie sollten sie in Ruhe lassen. In ihrem Alter zu sterben sei schließlich normal. Und dann starb sie lächelnd.

Um einem Heim einen magischen Aspekt abzugewinnen, muss man früh anfangen, Kontakt mit allen Wesen aufzunehmen und mit Geistern zu kommunizieren. Lernen kann man es dort wahrscheinlich nicht mehr.
Wie nimmt man Kontakt zu anderen Wesen auf oder kommuniziert mit Geistern? Viele Menschen tun das, ohne es so zu nennen, indem sie mit ihren Zimmerpflanzen sprechen, wie meine Mutter (die überhaupt nicht spirituell veranlagt war) einen »guten Geist« haben, von dem sie sich beschützt fühlen und mit dem sie sprechen, wenn sie ein Problem haben, oder – und das ist wahrscheinlich die häufigste Form des Kontakts mit anderen Ebenen – indem sie in eine Kirche gehen und die Mutter Gottes um etwas bitten. In fast allen katholischen Kirchen gibt es irgendwo einen Marienaltar, an dem Kerzen angezündet werden können. Mittlerweile haben sogar einige evangelische Kirchen diesen Brauch eingeführt,

weil klar geworden ist, wie wichtig diese Hinwendung an spirituelle HelferInnen ist. Der heilige Antonius ist auch sehr beliebt, um verlorene Dinge wiederzufinden. Mit ihm spreche sogar ich, obwohl ich für die katholische Kirche keine Sympathien hege.
In einer Fantasiereise (siehe Seite 146) kann man auch an einen Lieblingsort gehen, an dem man einem Helferwesen begegnen kann. Es spielt dabei keine Rolle, ob man dieses Wesen erfindet oder ob es tatsächlich plötzlich auftaucht. Denn die nichtkörperliche Welt besteht ja aus Impulsen, die wir herbeirufen und gestalten.
Könnte der Aufenthalt in einem Heim bereichernd sein? Ja, aber nur, wenn die eigene Lebensmotivation stark bleibt, wenn man sich selbst nicht aufgibt und aus den Vorteilen (Nahrung, medizinische Versorgung) Kraft für eigene Pläne, Visionen oder wenigstens für die Lebensgestaltung ziehen kann.

Meditation statt Medikation

Die spirituelle Alternative

Wer Alter und den Tod gut leben und bewältigen will, muss sich gut vorbereiten. Sich nur zu beklagen, dass man nicht mehr jung ist und so vieles im Leben verloren hat, bringt lediglich schlechte Stimmung. Alles im Leben dreht sich um den Abschied, wir können nichts halten und am besten lebt es sich, wenn wir diesen Fluss des Lebens akzeptieren können. Wir können jede Lebensphase schön gestalten, doch kann niemand den alten Menschen wieder jung machen. Meiner Meinung nach werden Frauen wie Jane Fonda oder Joan Collins, die vermutlich das eine oder andere haben machen lassen und um die 80 von der plastischen Chirurgie derart gestrafft aussehen, dass man kaum noch einen Gesichtsausdruck erkennen kann, davon auch nicht jünger. Niemand wird jünger – darin liegt doch auch eine universelle Gerechtigkeit. Doch könnten wir heiterer, gelassener, gewitzter, entspannter, fre-

cher, neugieriger und im eigenen Körper zufriedener werden. Während wir in jungen Jahren praktisch gezwungen werden, mitzuhalten, ehrgeizig zu sein oder wenigstens eine Arbeit zu finden und die gut zu machen, ist es im Alter endlich egal, wie unambitioniert und faul wir sind – falls wir uns damit abfinden können, dass wir keine HeldInnentaten mehr vollbringen müssen.
Damit meine ich nicht, dass wir uns in die Hoffnungslosigkeit, in die Bedeutungslosigkeit fallen lassen sollen. Als ich unverschuldet den schweren Verkehrsunfall hatte, versuchte der Versicherungsvertreter, mir einzureden, dass ich in meinem hohen Alter (ich war 42 Jahre alt) nicht mehr mit sehr viel Schmerzensgeld rechnen könnte. Zufällig hatte jedoch die 75-jährige Tante eines Freundes gerade nach einem Unfall ein exorbitant hohes Schmerzensgeld erkämpft. Das spornte mich an. Und ich bekam, was ich wollte. Vorbilder und gute Beispiele können durchaus Grenzen durchbrechen.

Wanderungen in andere Ebenen

Imaginationen

Um die Freiheit des letzten Lebensdrittels zu entdecken und zu genießen, ist es wichtig, dass wir uns gegenseitig inspirieren und anregen, dass wir beherzt in andere Wirklichkeiten eintauchen und uns aus der spirituellen Dimension Nahrung für die körperliche Welt holen. Wer jeden Tag eine halbe Stunde aus dem Alltag aussteigt, zur Ruhe kommt, einfach nur wahrnimmt und atmet, wird auch mit den Mühen des Alters anders umgehen können.

»Glück«, sagte die Schauspielerin Lilli Palmer, »ist zu 20 Prozent Begabung und zu 80 Prozent Disziplin.« Reisen in andere Ebenen erfordern Konzentration und Genauigkeit und eben auch – Disziplin. Imaginieren kann man üben. Zum Beispiel:

Schließe die Augen und gehe in der Imagination einen Weg, den du jeden Tag gehst, zum Beispiel zum Bäcker, zur Straßenbahn oder zur Arbeit. Stell dir diesen Weg so genau wie möglich vor. Jetzt merkst du, wie unaufmerksam du wahrscheinlich immer bist. Überlege dir einmal, ob deine Haustür nach rechts oder nach links aufgeht. Was für eine Farbe hat das Nachbarhaus? Was ist das für ein kleiner Laden, an dem du täglich vorbeigehst? Usw.

Diese Imagination führt dazu, dass du Details im Alltag genauer wahrnimmst. Im Gegenzug wird die Imagination bunter, erfüllter und es wird dir leichter fallen, dich auf Einzelheiten zu konzentrieren.

Auch die Sinne kann man trainieren:

Stell dir mit geschlossenen Augen eine Meeresbucht vor. Versuche, das Bild der Bucht zu sehen und die Schreie der Möwen und das Rauschen der Brandung zu hören, den Seetang zu riechen, das Salz auf den Lippen zu schmecken.

Wer die Sinne mit Imaginationen trainiert, kann auch den Geruchssinn schärfen, das Hautgefühl intensivieren sowie das Gehör und die Sehfähigkeit verbessern.

Als ich eines Tages mit meiner Mutter und meiner Schwester zum Optiker ging, weil meine Mutter ihre Brille abholen und meine Schwester sich eine Sonnenbrille in ihrer Sehstärke bestellen wollte, kam ich mit dem Optiker ins Gespräch. Er fragte mich, ob ich keine Brille brauche. Ich sagte: »Als ich noch in der Schule war, brauchte ich eine: 1,5 und 2 Dioptrien. Dann ging ich allerdings zu einer wunderbaren Augenärztin, die mir drei Übungen zeigte, die ich jeden Tag machen sollte und seitdem auch regelmäßig mache. So schärfe ich mein Sehen durch Imaginationen.«

Darauf sagte er: »Das ist Quatsch. Das geht gar nicht.«

Meine Schwester fing an zu lachen. »Aber Sie sehen doch, dass es bei ihr funktioniert«, sagte sie. »Alle in unserer Familie haben eine Brille, nur sie nicht.«

Der Optiker war beleidigt.

In einer Imagination den Körper zerlegen und wieder zusammensetzen

Diese friedvolle Imagination kommt in vielen schamanischen Traditionen vor und hilft, den Körper zu verlassen und wieder neu zu bewohnen. Auch in Märchen taucht das Zerlegen des Körpers auf. Es ist die Voraussetzung für einen magischen Neustart, aber nur wenn die Imagination aus der eigenen Fantasie kommt und nicht durch Drogen, Alkohol oder Psychopharmaka verstärkt wird.
Während des Lebens sind wir an unseren Körper gebunden, doch im Tod müssen wir uns von ihm trennen und uns ganz auf die Energie verlassen, die uns in eine andere Ebene trägt. Wer schon einmal versucht hat, mit dieser Energie in eine andere Seinsebene zu gelangen, könnte sich leichter tun, den Körper zurückzulassen.

Diese Imagination lässt sich am besten im Liegen durchführen. Mach das Telefon aus, stell die Klingel ab und leg dir eine leichte Decke über die Beine. Begleite den Atem durch den Körper und nimm den Körper von den Füßen bis zum Kopf ganz bewusst wahr.
Stell dir jetzt vor, das sich die Finger von den Händen lösen und wegfliegen. Danach lösen sich die Hände, dann die Arme, jetzt die Zehen, die Füße,

die Beine. Der Rumpf löst sich auf und fliegt weg, schließlich auch der Kopf. Nimm wahr, wie die Teile deines Körpers in der Luft kreisen.
Wenn du das Gefühl hast, dass es stimmig ist, rufst du alle Körperteile wieder zurück: den Kopf, den Rumpf, die Beine, die Füße, die Zehen, die Arme, die Hände, die Finger. Atme tief und genüsslich und stell dir dabei vor, wie sich der Körper aufs Neue verbindet und geschmeidig wird.

Es ist natürlich nicht ganz einfach, sich vorzustellen, dass die Teile des Körpers sich lösen und dann wieder zusammensetzen. Fantasie ist gefragt. Es muss nicht beim ersten Mal gelingen. Tatsache ist aber, dass Imaginationen, egal ob sie sofort klappen oder ob man sich nicht so gut konzentrieren kann, das Gehirn und den Körper unterstützen und stärken. Jede Imagination intensiviert die Kommunikation der Anlegestellen im Gehirn und verbessert alle Körperempfindungen.
Es gibt Untersuchungen, die beweisen, dass Imaginationen und Meditationen das Allgemeinbefinden stärken, die Konzentrationsfähigkeit erhöhen und natürlich die meditierende Person beruhigen und sogar erheitern.

Wenn du dich in einem Imaginationsbild oder in einer Meditation nicht wohlfühlst, lässt du dieses Bild verblassen, atmest tief ein und aus und gehst aus der Meditation oder der Imagination zurück ins Alltagsbewusstsein. Was sich nicht gut anfühlt, lässt man wieder los.

Den Atem spüren

Diese Atemübung, eine Pranayamaaübung aus dem Yoga, hilft, Ruhe in den Körper zu bringen und die Wahrnehmung für die körperlichen Prozesse zu verfeinern. In stressigen Zeiten oder bei nachlassender Atemkraft ist diese Übung erholsam und heilend. Aber auch in ruhigen Zeiten hilft sie, immer wieder zu sich zu kommen und nichts außer dem Atem wichtig zu nehmen.

Diese Übung kannst du im Liegen oder Sitzen durchführen. Du legst die Hände auf den unteren Bauch und beobachtest über das Heben und Senken der Hände deinen Atem, ohne ihn zu beeinflussen. Dann legst du die Hände auf die unteren Rippenbögen und nimmst auch hier den Atem wahr. Schließlich legst du die Hände unter die Schlüsselbeine und verfolgst die Atembewegung bis zu den Lungenspitzen.
Diese Atemübung hilft, zu sich zu kommen und den Atem als lebendigen, heilenden Strom zu spüren. Das bringt Ruhe in den Körper und ins Leben.

Wer bereits im Alltag den Atem ohne Beschwerden wahrnimmt und mit der Atembewegung dadurch besser vertraut ist, kann in Krisenzeiten den Körper immer wieder zur Ruhe und sich in wohlige Geborgenheit bringen.
Auch Schlaflosigkeit kann mit dieser Atemübung nachhaltig gemildert werden. Die Konzentration auf den Atemfluss und das Begleiten der Luftströme durch den Körper beruhigt und lindert. Die Alltagssorgen verblassen. Es geht nur noch um den Atem. Wer möchte, kann vorher die Sorgen aufschreiben, das schafft Distanz.
Wer den Atem begleitet, entfernt sich von Gefühlen, von Wertungen und Ahnungen und bleibt im Wesentlichen – im luftigen Austausch des Körpers mit dem Universum.
Mit kranken oder sterbenden Menschen zu atmen bringt Ruhe in die Turbulenzen der Qual und schafft eine Verbindung zwischen der Person, die pflegt, und der, die gepflegt wird. Das geht ganz ohne Worte.

Meditatives Gehen

Anstatt auf Berge zu steigen oder mit Stöcken durch die Landschaft zu scharren oder im Alltag immer vorwärts zu hasten, ist es beruhigend und erheiternd, ganz bewusst einen Schritt nach dem anderen zu tun, dabei zu beobachten, wie der

Körper schwingt, wie die Füße auf der Erde ankommen, wie der Körper ausweicht oder weich mitgeht. Es gibt kein Ziel, das es zu erreichen gilt. Es geht darum, die Landschaft wahrzunehmen, bewusst zu atmen, Schritt vor Schritt zu setzen und sich des eigenen Körpers bewusst zu werden. Meditativ gehen kann man wirklich überall, sogar – wenn es sein muss – an lauten, stinkenden Verkehrsstraßen. Es bringt Ruhe und Gelassenheit und hilft, den Zorn über die Welt zu besänftigen.

Mit dem Atem fließen

Setze dich an einem ungestörten Ort entweder auf einen Stuhl oder, wenn es dir bequem ist, im Schneidersitz auf ein Polster am Boden. Schließe die Augen und nimm den Atem wahr. Wie viel Zeit gibst du dem Ausatmen, wie viel dem Einatmen? Einfach wahrnehmen, ohne den Atem zu verändern. Dann stell dir vor, wie der Atem in alle Zellen und wieder durch die Poren nach außen fließt. Bleibe beim Atem, lass dich nicht ablenken.
Nach einiger Zeit, die du selbst bestimmst, atmest du ein paarmal tief ein und aus, bewegst Finger und Zehen, schüttelst dich, rekelst und streckst dich und öffnest die Augen.

Wasser-Meditation

Setze dich an eine Wasserfläche, einen See oder Fluss. Schau auf das Wasser. Beobachte die Wellenbewegung, atme ruhig ein und aus und versuche dabei, das Wasser zu sehen und die Gedanken, die aufsteigen, einfach wieder fallen zu lassen. Beende die Meditation, wenn es für dich stimmig ist.

Erd-Meditation

Du kannst diese Meditation im Sitzen oder im Liegen machen, wichtig ist dabei nur, dass du ungestört bist. Komm mit dem Atem zur Ruhe und nimm jetzt die Kraft der Erde wahr, die dich am Boden hält. Spüre alle Stellen deines Körpers, an denen du den Boden oder die Unterlage berührst. Stell dir jetzt vor, dass die Energie der Erde wie ein heilender Strom in deinen Körper fließt. Lenke diese Energie mit dem Atem überallhin, wo du mehr Kraft brauchst oder etwas auflösen willst. Beende die Übung, indem du dich von der Erde löst, aufstehst und aufstampfst.

Göttinnen und mythische alte Frauen

Als Kind liebte ich Geschichten, in denen Hexen, Waldfrauen und weise Frauen vorkamen. Ich konnte mich nie damit abfinden, dass die Zauberinnen so einen schlechten Ruf hatten (der natürlich aus der »Zeit der Verzweiflung« stammt, aus der Inquisitionszeit der Kirche), und schon mein ganzes Leben verbringe ich damit, weise Frauen zu rehabilitieren und zu preisen. Märchen sind zwar fantastisch und oft aus der alltäglichen Realität gehoben, doch enthalten sie immer auch einen Kern von Wahrheit und wirklicher Kraft.
Können uns die Vorbilder weiser Frauen im Alter helfen? Lindern sie die Schmerzen? Trösten sie uns? Geben sie uns Rat? Ich bin mir dessen ganz sicher. Im Kontakt mit Göttinnen und weisen Frauen suchen wir die spirituellen Räume auf, in denen körperliche Gebrechen keine Rolle spielen, in denen der freie Geist den Körper mit auf die Reise nimmt und nicht etwa umgekehrt der Körper mit seinen Begrenzungen den Geist beschränkt.
Auf der Suche nach den starken alten Frauen der Mythen fällt mir zuerst auf: Gott hat offenbar eine Mutter, die »Mutter Gottes«, doch der Teufel hat eine Großmutter. Schimmert da nicht eine Wildheit, eine freche, ungezähmte Kraft durch, die in der Großmutter offenbar schlummert? Eine

alte Frau, die bei sich ist und ihre Kraft kennt, ist doch völlig frei. Wer will ihr Vorschriften machen? Um an diese Freiheit heranzukommen, braucht es natürlich auch Un-Verschämtheit im besten Sinn. Ich stellte mir als Kind immer vor, dass ich als alte Frau gern eine Bankräuberin wäre, denn im Gefängnis wird man wenigstens wie eine Verbrecherin behandelt und nicht wie im Altersheim, wie eine machtlose Frau. Was ich damals nicht bedachte, war, dass im Alter womöglich die Energie für einen Bankraub fehlt … Doch finde ich noch immer: Ein wenig verwegene Energie kann nicht schaden in der wunderbaren Gestaltung des Alters.

Besonders faszinierend finde ich die **Muhmen** der Märchen. Sie leben irgendwo fern der Menschengesellschaft. Sie sind die Großmütter der Ele-mente, der Winde, die Kornmuhmen, die Drachen-Großmütter. Oft helfen sie den HeldInnen, Drachen, Tod und Teufel zu überwinden, und geben ihnen Tipps, wie sie aus gefährlichen Situationen wieder entkommen können. Allerdings helfen sie nur beherzten und entschlossenen HeldInnen. Jammern und Klagen kommt bei ihnen nicht gut an. Sie sind keine Wohltäterinnen, sie sind eine Herausforderung. Das ist doch eine schöne Perspektive für eine alte Frau: Herausforderung für die Jungen.

Der Prototyp dieser Herausforderung ist **Baba Jaga.** Sie geht ihren eigenen Geschäften nach und reist auf einem Mörser durch die Luft. Sie hat drei Rösser: ein rotes für den Sonnenaufgang, ein weißes für den Tag und ein schwarzes für die Nacht. Wer ihr nahe kommt, muss drei Aufgaben lösen, die so absurd und unlösbar sind wie ein Zen-Koan, zum Beispiel das Klatschen der einen Hand. Baba Jagas Aufgaben sind nicht mit Intelligenz und Fleiß zu lösen, sondern mit der närrischen Kraft. Wie sonst soll man Korn in ein Fass ohne Boden füllen?
Baba Jaga ist die Anführerin der wilden alten Frauen. Wie soll man einer beikommen, die für rationale Argumente, für Vernunft und Tadel nicht zu haben ist? Wie will man eine beherrschen oder ruhigstellen, die gewitzt, mächtig und widersprüchlich ist? Die Macht der Baba Jaga ist natürlich nicht ihr Widerstand gegen die Menschenwelt, sondern ihre Einbindung in die Urkräfte, die Elemente, die alte Macht. Der Mörser deutet darauf hin, dass sie eine Wandlerin ist, und der Besen spricht für ihre magische Macht. Bei den Slawen war sie eine Totengöttin, die die Menschen ins Totenreich begleitet.

Besonders wichtig für uralte und sterbende Frauen finde ich die Verbindung zu den Todesgöttinnen. Da ist zum einen **Hel**, die Gebieterin über

das Reich der Toten aus dem germanischen Kulturbereich. Wer zu ihr kommen will, muss über die Gjallarbrú, über eine glitschige Brücke gehen. Es erfordert Geschicklichkeit, bis zum Ende dieser Brücke zu gelangen. Das zeigt uns, dass es im Mythos keine verkitschte Version des Sterbens gibt. Sterben ist harte Arbeit, erfordert Konzentration und große Anstrengung. Am Ende der Brücke steht der schreiende Stuhl. Er verkündet das getane Unrecht – das zeigt uns, dass im Sterben noch einmal erlebt wird, was belastet, was nicht gelöst ist.
Hels Helferin ist **Ganglöt,** die langsam Gehende – das deutet auf eine Veränderung im Rhythmus des Lebens hin. Jetzt geht nichts mehr schnell. In Zeitlupe läuft das Leben vorbei und langsam schieben wir uns in Richtung Auflösung.

Auch die Göttin **Kali** ist eine Hebamme vom Leben in den Tod. Wie sie am Anfang des Lebens die Menschen in die Körperwelt holt, so löst sie diesen Körper am Ende auf und befreit uns von irdischen Bindungen und Belangen. Eine gemütliche Hebamme ist sie dennoch nicht. Ihre mächtige, kompromisslose Energie deutet auf die Unausweichlichkeit des Todes hin. Es gibt kein Zurück, kein Verhandeln und kein Ausweichen. Der Körper muss sich auflösen.

Sedna, die Meeresgöttin der Inuit, gehört ebenfalls zu den Begleiterinnen der Sterbenden. Sie lebt, in der Meerestiefe, schöpft aus ihrem Kessel alles, was lebt, und ruft die Lebewesen wieder zurück in ihr Reich. Besonders die Menschen, die ertrinken oder ersticken, begleitet sie und fängt sie auf. Sie symbolisiert das Absinken in die Tiefe und zum Beispiel auch die Atemnot, die sie lindern kann, wenn man sich mit ihr verbindet.

Die keltische **Ceridwen** dagegen ist eher eine Begleiterin der Frauen im Alter. Auch sie kocht in ihrem Kessel, was es so gibt auf der Welt – ein Zeichen dafür, dass alte Frauen viel gesehen, viel erlebt haben und viel Nahrung (d. h. viel Wissen) zu geben haben. Wie so vielen mythischen Frauen eigen, lebt auch Ceridwen am Rande der Gesellschaft, im Wald, in der Einsamkeit, ohne jedoch einsam zu sein. Sie kocht ihr eigenes Süppchen und verteilt es an jene, die dieses Süppchen zu verdauen wissen. Eine der wenigen Domänen, die auch sehr alte Frauen noch hüten. Ceridwen gibt außerdem Macht über die Verarbeitung von Nahrung.

Die **Salige Frau** oder auch die Frau im Berg ist eine wunderbare Begleiterin auf dem Weg in die Weisheit der Natur. Wer sich mit ihr verbündet, kann getrost die Altersindustrie überspringen und aus den uralten Quellen der Kraft schöpfen. Die Salige ist die Trösterin und Heilerin, sie lindert Schmerzen (zum Beispiel mit der natürlichen Salicylsäure, die in Weidenrinde und Mädesüß zu finden ist und einen keimtötenden Effekt hat). Sie führt uns zur Ur-Mutter aller Menschen, zur Göttin Gaia, die die Erde selbst ist.

Gaia, die Erde, die Erdmutter, ist Ursprung und Heimat zugleich. Sie nährt uns, lehrt uns, trägt uns, heilt uns. Ohne sie gibt es für uns kein Leben. Wir sind vollkommen von ihr abhängig. Sich mit Gaia zu verbinden und zu verbünden, einen lebendigen Austausch mit ihr zu pflegen, hilft uns zu allen Zeiten unseres Lebens, glücklich zu werden und immer genug zum Leben zu haben. Wenn wir sterben, nimmt sie uns wieder in ihren Erdkörper auf. »Selig in den Armen der Göttin« steht auf einem Grabstein auf dem Friedhof von Münsing in Oberbayern. Darin kommt zum Ausdruck, was die Göttin Gaia für uns sein kann: ein Nachhausekommen am Ende des Lebens und auch dann geborgen zu sein.

Maat, die ägyptische Göttin der Gerechtigkeit, steht an der Grenze zwischen Leben und Tod, wo sie das Herz der Verstorbenen mit einer Feder aufwiegt. Ist das Herz schwerer als die Feder, wird die verstorbene Person nicht ins Reich der Maat hereingelassen, wo sie Erlösung finden würde, sondern muss das schwere Herz weiterhin tragen.

Wer sich Göttinnen als Patinnen erwählt und sich bei ihnen wohlfühlt, wird es leichter finden, den Sprung in die Leere zu wagen.
Wenn die alten Göttinnen ein Leben begleiten, verliert das Alter, verliert sogar der Tod den Schrecken. Denn heimzugehen ins Reich der Mutter, begleitet von mütterlicher Energie, ist tröstend und unterstützend.

Sterben

Aus meinem Tagebuch:

Wir dachten, sie erholt sich wieder, denn Mum ist schon so oft beinahe gestorben, dass wir alles unternahmen, um sie wieder ins Leben zu holen. Doch diesmal ist es anders. Sie spürt, dass sie die Kurve nicht mehr kriegt. In dem Maß, wie sie genug vom Leben hat, hat sie aber auch Angst. Nachts schreit sie vor Schmerzen, ich bin Tag und Nacht bei ihr und schließlich weiß ich auch nicht mehr weiter, denn die Mittel, die wir von der Hausärztin und von der mobilen Palliativärztin haben, helfen nicht mehr. Ich rufe die Ärztin der mobilen Palliativversorgung der Caritas an, die sich uns ja vorgestellt hat und Mum »als Klientin akquiriert« hat.

»Ich kann nicht kommen«, sagt sie gleich. »Wie stellen Sie sich das vor, ich bin ja gar nicht in Ihrer Nähe. Außerdem habe ich Termine. Ich müsste eigentlich schon weg sein.«

»Aber Sie haben sich uns doch aufgedrängt«,

sage ich. »Und jetzt lassen Sie uns einfach im Stich, das ist ja das Allerletzte!«

Ich lege auf, um nicht noch ausfallend zu werden. Zehn Minuten später ruft ihr Büro an: »Wir haben für Ihre Mutter ein Bett in der Palliativstation im Krankenhaus.«

Ich organisiere den Transport, Mum schnappt nach Luft und jammert. Dann wird alles ganz leicht und schön. Auf der Palliativstation, die nicht kirchlich orientiert ist, wissen die Schwestern, was zu tun ist. Es ist eine ruhige, sehr schöne Station. Es gibt ein Wohnzimmer für die Angehörigen und schnell ist mir klar, wie sehr wir das brauchen. Tee oder Kaffee machen, die Emotionen wieder abkühlen, auf dem Sofa entspannen.

Wir wechseln uns bei Mum ab. Ich nehme immer meinen Laptop mit und schreibe. Manchmal taucht sie auf. Ich streichle sie.

»Mama!«, sagt sie, ich nehme ihre Hand. »Früher warst du nicht so nett zu mir.«

»Das tut mir leid«, erwidere ich. Es ist eben nie zu spät für eine glückliche Kindheit.

Freundinnen kommen, um sich zu verabschieden. An einem sonnigen Sommersonntag, als ich gerade organisiert habe, dass die wunderbaren Pflegeschwestern, die sich bisher morgens um Mum gekümmert haben, auch viermal täglich kommen könnten, wenn wir sie wieder nach Hause holen, als meine Schwester mich bei Mum abgelöst hat und eine enge Freundin noch einmal zu Besuch war, lässt sie los und stirbt.

Auf ihrem Sterbebild steht ihr Lieblingsgedicht:

An einem Sommermorgen,
da nimm den Wanderstab,
es fallen deine Sorgen
wie Nebel von dir ab.

»Sterben ist ganz einfach«, sagte einmal ein tibetischer Lama, »bis jetzt haben es alle geschafft.« Seit ich meine Mutter begleitet habe, weiß ich, dass es nicht unbedingt einfach ist, auch wenn es am Ende alle schaffen. Der Geist mag gehen wollen, doch der Körper kämpft. Jede Zelle weiß: Wenn es ans Ende geht, geht die materielle Substanz auch endgültig. Der Geist mag auf den Körper nicht angewiesen sein, der Körper auf den Geist schon.
Aus eigener Erfahrung und von vielen Freundinnen und Freunden, die Sterbende begleitet haben, weiß ich, dass diese oft erst loslassen können, wenn alle Begleitenden hinausgehen, einen Kaffee trinken, eine Zigarette rauchen. Und auch meine Mutter hat gewartet, bis wir alle weg waren. Wie kann man sich das erklären?

Im Tod spielen Beziehungen, Verbindungen, die Familie immer weniger eine Rolle. Die anderen sterben ja nicht mit. Sie hoffen und reden, trauern schon, sind genervt, ungeduldig oder geduldig, verständnisvoll oder zornig, dass sie eine geliebte Person verlieren sollen. Doch diese Person hat einen Weg vor sich, den sie hoch konzentriert gehen muss. Der Tod gleicht einer Geburt – das immer tiefere Atmen, die Aufmerksamkeit, die sich nach innen zieht und gänzlich weggeht von anderen Menschen und ihren Belangen, die nun keine Rolle mehr spielen. Viele Sterbende heben die Hände und greifen nach etwas über ihnen, als wollten sie etwas fassen, was ihnen aus dem Körper helfen wird. Der Tod ist ein tief spiritueller Augenblick: Ich gebe den Körper auf. Er wird mich nicht mehr beherbergen und ich weiß noch nicht, wie ich meinen Geist, meine Energie so bündeln soll, dass ich gut loslassen kann. Ein Körper, der stirbt, wehrt sich. Er kann krank, alt, schon fast zerfallen sein, doch er kämpft. Denn er will leben, will überdauern, auch wenn der Geist schon losgelassen hat.

Kämpft aber der Körper und halten die Menschen im Raum die sterbende Person mit ihren widersprüchlichen Gefühlen fest, kann die gute Frau Tod nicht zur letzten Heilung schreiten. Denn jeder Mensch stirbt für sich allein, keiner kann mitgehen, niemand kann den Weg ebnen

und so ist er für viele schwer und unbekannt, bitter vielleicht, beängstigend.
Die Medizin hat darauf natürlich Antworten. Man muss nicht leiden und Schmerzen ertragen. Es gibt Morphium. Früher wurde es in Giftschränken aufbewahrt und musste wohldosiert abgegeben werden, heute bekommt man es nachgeworfen. Ich habe noch zwei Fläschchen im Schrank. Es kann wohl ein Trost sein, wenn der Tod nichts als Qual und Schrecken bringt. Es ist die letzte Möglichkeit, den Weg sanfter zu gestalten.
Doch könnte es womöglich anders laufen, wenn wir den Weg z. B. in einer Meditation schon einmal gegangen sind? Wenn wir uns aus dem Körper befreit und uns in Trance in andere Seinszustände aufgemacht haben? Mit dem Kopf, mit dem scharfen Verstand können wir da nicht hingelangen. Es braucht das Loslösen vom Alltag, von den Pflichten und Freuden des täglichen Lebens, das in einer Meditation, in einer Imagination geschehen kann, weil wir da die körperliche, die materielle Welt einmal hinter uns lassen, um in der Ebene der zeit- und raumlosen Energie Bilder zu erschaffen, neue Welten zu erforschen. Einfach ist das nicht, doch manche Menschen finden sogar spontan in diese Seinsebene, wenn sie im Sterben liegen. Sie werden sanft und driften ab in die Seligkeit der Auflösung. Oft gelingt das

religiösen Menschen, die einfach »wissen«, dass Gott sie empfängt oder dass die Jungfrau Maria auf sie wartet. Das tröstet. Ob das auch stimmt, weiß natürlich kein Mensch, das spielt aber auch gar keine Rolle.

Das Hauptproblem beim Sterben sehe ich im Alleinsein. Kaum ein Mensch liebt es, allein auf sich gestellt zu sein. Ein »normales« Menschenleben ist angefüllt mit familiären und gesellschaftlichen Ereignissen und Einbindungen. Die Gemeinschaft ist wichtig für das menschliche Zusammenleben, wo sie nicht gelingt, gibt es Streit, Krieg vielleicht. Doch im Augenblick des Todes sollen wir von jetzt auf gleich nicht nur lernen, wie man bei sich ist, sich selbst spürt, »in sich« geht, sondern in diesem Zustand auch noch alles verlassen, was uns einmal etwas bedeutet hat. Wie soll das leicht gehen?
Das Alleinsein, sich selbst zu fühlen, den Boden unter den eigenen Füßen zu spüren, zu wissen, wer man ist und wie man fühlt und lebt, wo man lügt und wo man Kraft verliert, zu erkennen, was wichtig und was überflüssig ist und danach das eigene Leben zu gestalten, anstatt es nach den Vorstellungen, Wünschen, Anweisungen und Erwartungen von anderen so hinzubiegen, dass alles irgendwie wenigstens nach außen gut aussieht, ist nicht gerade die Priorität im bürgerli-

chen Leben unserer Kultur. Wir richten unser Leben doch eher nach diesen Maßstäben aus: Was sagen die anderen? Habe ich jetzt jemanden enttäuscht? Vor den Kopf gestoßen? Was denken die von mir? Besser, ich passe mich an, dann falle ich nicht auf und habe meine Ruhe.

Diese Ruhe ist trügerisch, denn sie dämpft die wahren Gefühle und die kommen gern zum Lebensende noch einmal mächtig heraus. Jetzt ist es zu spät, das Leben zu ändern!

»Hätte ich doch damals nicht …«, »Hätte ich dem doch gesagt …«, »Hätte ich mich nur nicht so manipulieren lassen, ich habe es gemerkt und es dennoch geschehen lassen«, »Hätte ich mich mit X oder Y versöhnt«: All das habe ich von Sterbenden schon gehört. Ich habe dann gesagt: »Es ist doch gut, wie es ist.« Doch ist es das wirklich?

Wer in einen meditativen Zustand einsinkt, muss die »anderen« zumindest für eine Weile verlassen. Wahrnehmen, was ist, erfordert auch, das Gerede und Getue hinter sich zu lassen, aus dem Plätschern des gesellschaftlichen Lebens – wenigstens einmal für kurze Zeit – auszusteigen und hellwach, konzentriert und tief versunken die Essenz des Lebens zu spüren.

Als ich mit meiner Tochter schwanger war, ging ich nicht zur Schwangerschaftsgymnastik, sondern zu einer Atemtherapeutin. Sie sagte: »Eine Geburt ist wie Bergsteigen. Du denkst nicht an das Ziel, du atmest jeden Schritt ganz bewusst, denn der Atem ist das Wichtigste für das Kind.« Und so ist es auch beim Sterben. Aus der Welt zu gehen ist so anstrengend, wie in die Welt einzutreten.

Als meine Mutter starb, hörte sie auf, die Welt wahrzunehmen: Sie atmete tief und konzentriert wie bei einer Geburt und mir wurde klar, dass es nur darum geht – der Atem bereitet den Weg. Der Atem ist der Weg.

Wir leben, als wäre das leben ewig und jedes talent
jede errungenschaft für immer
wenns ans sterben geht ist das erstaunen oft groß
falls zeit dazu ist
und plötzlich wird klar
dass alles im leben
kaum mehr als ein blitzschlag war.

Das Ende als Befreiung

Eigentlich ist die Zukunft für alle Menschen gleich, für Junge, Alte, Dicke, Dünne, Kluge, Dumme – wir wissen nie, wann wir tot umfallen werden. Wir wissen nicht, ob wir den Verstand verlieren, ob wir einem Unfall, einem Flugzeugabsturz oder einem ganz lächerlichen Sturz erliegen, ob als junger oder alter Mensch. Vielleicht können wir mit 20 oder 30 die große Liebe nicht finden und mit 70 läuft sie uns plötzlich doch über den Weg. Wer nichts wagt, kann plötzlich übermütig werden. Wer viel leistet, kann plötzlich arbeitsunfähig sein. Sicher ist, dass nichts sicher ist. Deshalb sind diejenigen Menschen am besten dran, die sich geschmeidig mit den Gegebenheiten auseinandersetzen und wandlungsfähig sind. Da ist dieser große Schrank mit den vielen Schubladen, der uns ein Leben lang terrorisiert: begabt, unbegabt, Loser, die Frustrierte, der potente Supermann, der Karrierist, die Hausfrau, der Ausnahmekünstler, die schöne Frau, die alte Schachtel usw. Da scheint jemand zu stehen, die

Schubladen zu öffnen und uns aufzufordern: Los, spring rein. Fühl dich mies. Eleanor Roosevelt sagte mal: »Niemand kann dich ohne deine Einwilligung dazu bringen, dich minderwertig zu fühlen.« Oft verhalten wir uns aber, als wären wir minderwertig geboren worden – und bestehen darauf, dass daran nichts zu ändern ist.

An dieser Stelle setzt die Freiheit des Alters ein. Nutzen wir doch die vergehende Zeit, um mit ihr all die Vorurteile, die Korsette, die Bewertungen, die Vorschriften gehen zu lassen. Was kann passieren? Schlimmstenfalls landen wir in einem Heim, wo man versuchen wird, uns zu beschränken, uns zur Vernunft zu bringen. Doch ist das nicht die Situation der meisten berufstätigen Menschen? Sie verbringen ihr Leben zum Beispiel in einem Raum mit vielen anderen und müssen an etwas arbeiten, was sie nicht interessiert oder was vielleicht sogar zerstörerisch ist. Die meisten Menschen sind doch schon mit Beginn ihrer Berufstätigkeit in eine Situation eingespannt, in der sie selbst sehr wenig gestalten oder verändern können. Kein Wunder, dass das Ende des Lebens so attraktiv wie ein Kopfschuss wirkt.

Sind wir nicht ein Leben lang gefangen in unseren Regeln und den Vorstellungen anderer, in gesellschaftlichen Vorschriften, in Konventionen und Traditionen oder einfach in Gewohnheiten, in unseren Lügen und der heimlichen Sehnsucht

nach der närrischen und befreienden Wahrheit? Einfach mal alle vor den Kopf stoßen, sich unmöglich benehmen und darüber lachen – das machen wohl eher Alte als Jugendliche.
Gefangenschaft entsteht nicht erst im Altersheim oder in der Abhängigkeit von anderen Menschen, die uns helfen sollen. Die Gefangenschaft entsteht im Kopf und dort kann sie auch gelöst werden. Ist nicht Nelson Mandela nach einer jahrzehntelangen, körperlichen Gefangenschaft froh und munter angetreten, um Präsident zu werden? Wie hat er das gemacht? Er war alt. Er wurde gefangen genommen und doch war er frei.
Eine Frau, die mich immer wieder überraschte und begeisterte, war Astrid Lindgren. Nein, nicht Pippi Langstrumpf, denn Pippi war nur ein Fragment dieser vielfältigen, widersprüchlichen, mutigen und unkonventionellen Frau Astrid. In ihrem freien Kopf tobte dieses Kind herum und brach alle Regeln. »Es gibt kein Verbot für alte Weiber, auf Bäume zu klettern« ist mein Lieblingszitat von ihr. Wenn man darüber wirklich nachdenkt, geht einem ein Licht auf.
Wir sind natürlich auch gefangen in Selbstzensur, in vorauseilendem Gehorsam. Ganz zu schweigen von der Gefangenschaft in Haushalten und unglücklichen Ehen, die viele Frauen erleiden. Da kommt das Alter oft als Erlösung. Nicht mehr attraktiv – juhu. Endlich frei. Vorausgesetzt, man

folgt Diana Vreelands Erkenntnis: »Es gibt nur ein sehr gutes Leben, und das ist das Leben, von dem du weißt, dass du es willst, und das du dir schaffst.«
Wir können alt und gebrechlich sein und plötzlich eine unerwartet überwältigende Lebenslust entwickeln, weil alles egal ist, weil sich das Leben endlich leicht anfühlt, weil wir aufgehört haben, uns freiwillig in Schubladen zu legen. Ein Unglück kommt selten allein? Nein, Wunden werden zu Wundern, wenn wir nur beherzt genug leben!

Ich habe in meinem Leben einige Situationen erlebt, in denen ich dem Tod sehr nahe war. Da war zum einen ein Skiunfall am Vallugapass: Ich fuhr als Letzte die steile Abfahrt hinunter, rutschte aus und glitt mit meinem neuen, glatten Skianzug unaufhaltsam den Abhang hinunter in die Tiefe. Vor dem finalen Absturz konnte ich mich an Latschenzweigen festhalten, bis mich die Bergwacht fand und rettete.
Ich überstand einen beinahe tödlichen Rollerunfall, einen unverschuldeten Autounfall in England, bei dem sich mein Kleinwagen mehrmals überschlug und er so zusammengequetscht wurde, dass es ein Wunder war – wie auch der Polizist sagte –, dass ich da lebend rauskam und mir kein Haar gekrümmt wurde.
Eine Tumoroperation ging gut aus (beschrieben

in *Kubabas Granatapfel*), und als ich in einem Flugzeug saß, während der Wirbelsturm Kyrill über uns hinwegfegte, gelang es dem Piloten, das Flugzeug sicher zu Boden zu bringen.
Aus all diesen Erlebnissen habe ich eine Erkenntnis gewonnen: Wenn du noch nicht dran bist, stirbst du nicht. Vielleicht klingt das naiv, aber es beruhigt mich.

* * *

Aus meinem Tagebuch:

Die Themen, die meine Freundinnen und mich in den letzten Tagen bewegten, kreisten alle um »Wie leben wir?«, »Wie werden wir alt?« und »Wie sterben wir?«. Ich schlief sehr schlecht letzte Nacht. Die Prozession meiner toten Freundinnen zog vorbei und ich dachte an die Freundinnen meiner Mutter, die mit ihren Pillen, Arztbesuchen, Krankenhausaufenthalten und fettem Essen doch irgendwie zäher und lebensfähiger zu sein scheinen als wir. Alle wurden immerhin über 90 Jahre alt und leben zum Teil immer noch. Aber Loriot fand: »Das Alter ist eine Zumutung!«
»So schön wie hier kanns im Himmel gar nicht sein!«, sagte der Künstler, Autor und Regisseur Christoph Schlingensief, bevor er an Krebs starb.

Meine alte Freundin, die Antiquitätenhändlerin Elly Beurer, arbeitete noch jeden Tag in ihrem Laden und schlief mit fast 90 Jahren immer im Sessel. »Wenn ich mich hinlege, sterbe ich vielleicht aus Versehen«, sagte sie lächelnd und wünschte sich: »Auf meinem Grabstein soll einmal stehen: Das Leben ist ein Abenteuer!«
Auf meinem Grabstein, falls ich einen hätte, würde stehen: »Schön wars!«
Meine Homöopathin hätte gern: »Komme gleich wieder!«
Ich denke mir: »Mach es hier stimmig, reinkarnieren kannst du dann immer noch.«

Über den Tod hinaus: Brief an meine Freundin

Mit 55 Jahren starb meine Freundin Annamirl an Krebs. Für uns Freundinnen, die wir ihren letzten Weg begleitet haben, war es schmerzlich zu erleben, dass sie nicht mehr leben wollte, obwohl sie wahrscheinlich noch ein paar gute Jahre in Aussicht gehabt hätte. Sie hatte mit ihrem Leben abgeschlossen und wir mussten akzeptieren, dass sie keine Therapie mehr wollte.

Auf Gedenk- und Grabsteinen steht manchmal: »Tot ist nur, wer vergessen ist!«

Wahr ist, dass die körperliche Abwesenheit manchmal sogar die spirituelle Verbindung stärker macht. Auch nach so vielen Jahren ohne sie spüre ich Annamirl und vermisse sie immer noch schmerzlich. Zu ihrem 10. Todestag schrieb ich ihr diesen Brief.

Ach, meine kleine, starke, arrogante, unsichere, wunderschöne, wunderbare, freche Annamirl, zehn Jahre bist du jetzt tot und ich denke jeden Tag an dich. Ich nerve meine Familie mit meinem ständigen: »Annamirl hat immer gesagt …«, »Annamirl war ja so …«

Als Kinder mussten deine Brüder und du immer akzeptieren, dass die Hausgäste der Pension an erster Stelle kamen. Tante Anni hat euch gezwungen, Graupensuppe zu essen, und wenn ihr sie nicht essen konntet, musstet ihr mit der kalten Suppe sitzen bleiben, bis sie runtergewürgt war. Danach hast du gekotzt. Manchmal hat dich dein Vater verprügelt (»Und das tut mir weher als dir«, hat er dazu gesagt), dann wurdest du im Kartoffelkeller eingesperrt, es war stockdunkel, aber die Mäuse raschelten – oder waren es Ratten? Du hattest panische Angst. Als mir meine wilde, kettenrauchende, motorradfahrende Tante Fränzi eine Videokamera schenkte, gingen wir zusammen in den Kartoffelkeller und das Wunder geschah. Diese Kamera – von amerikanischer Militärtechnologie durchdrungen – konnte in der absoluten Dunkelheit die Triebe der Kartoffeln sehen und leuchtete sogar den Raum irgendwie aus. Wir umarmten uns und du hast geweint.

Weil ihr Kinder im Wirtshaus und in der Pension eher Störfaktoren wart, musstet ihr alle in ein Internat. Du kamst nach Schlehdorn und das war die Hölle für dich. Die bigotten Klosterschwestern haben dich gequält. Wenn deine Mutter ein Fresspaket schickte, haben sie es dir weggenommen. Einmal hat deine Mutter Leberwurst in einer ausgehöhlten Orange versteckt. Orangen mochten sie nicht, da hast du endlich mal eine Leberwurst bekommen.

Du hattest einen ganz persönlichen Zauberspruch, den du in Augenblicken des Missmuts ausgesprochen hast. Du bist mit deinem Bruder auf den Steg gegangen, als ihr Kinder wart, und ihr habt eure Kindheit in Form eurer Teddybären versenkt.
Du bist so gern neben dem Traktor gestanden, wenn er schon lief und dein Vater aufstieg. Die Mischung aus Diesel und dem Schweiß deines Vaters hat dich so beglückt. Später dachtest du, dass der Krebs, der dich umbrachte, vielleicht vom vielen Dieseleinatmen kam.
Dein Berufswunsch: Lockvogel. Als du mit der Schule fertig warst, wurdest du deinen Eltern in der Wirtschaft, in der Landwirtschaft und der Pension unentbehrlich und später wurdest du eine derart gute Schauspielerin, dass Herbert Achternbusch hin und weg war. In meinem Film über die Inquisitionszeit, »Hexen«, spieltest du grandios die Hebamme Babelin und in meinem Kurzfilm »Alles möglich« die Mutter meiner Tochter und Herberts Frau. Die größte Herausforderung war wahrscheinlich mein Theaterstück »Fischmaul« – da warst du fast 90 Minuten allein auf der Bühne mit dem Monolog einer Putzfrau – wunderbar

war das! Das schönste Gespräch zwischen dir und Sepp war sicher das am Heuhaufen im Hexenfilm.

Zum ersten Mal sah ich dich, als ich mit Margarethe von Trotta am Drehbuch unseres Films »Das zweite Erwachen der Christa Klages« schrieb. Wir mieteten uns im Februar bei euch in Ambach in der Pension ein, in der Stube stand noch der Christbaum. In der Nacht hatte ich einen Albtraum, sprang aus dem Bett, fiel auf die Knie und schlug mir beide auf. Das war auf Zimmer vier, in dem ich später mit Walli wohnte. Sepp, der gerne für Freunde und Familienmitglieder kulinarische Namen erfand, rief dich immer »Würschtel«, bis du mal gesagt hast: »Ich verbiete dir, mich noch einmal ›Würschtel‹ zu nennen.« Da war er überrascht.

Als ich Sepp gerade kennengelernt hatte, probte er im Bauerntheater in Holzhausen ein Stück, das er selber geschrieben hatte (»Triumph der Gerechten«), das später in der Reithalle von Schloss Weidenkam aufgeführt wurde. Ich musste die Rolle der Erzählerin spielen und auch Patrick Süskind machte mit, er spielte einen Pfaffen. Du hast mir total imponiert, weil du als Nachtwächterin eine Kerze in einer ungefähr zwei Meter hohen Laterne ausspucken konntest.

Du warst mal in einen Stürenberg verliebt. Deine Mutter hat das so ausgesprochen, als schreibe man ihn mit zwei »üü«. Sie haben dir diesen Mann richtig mies gemacht, obwohl er so nett zu dir war und die schöne Bank gebaut hat, auf der wir später immer im Garten saßen und frühstückten. Der ist nur auf dein Geld aus, hieß es. Er bot an, die Trommel eines Freundes aus Holzhausen neu zu bespannen, aber weil er so viel auf dem Hof deiner Eltern half, kam er nicht dazu. Dann zeigten sie ihn doch glatt an, dass er die Trommel gestohlen hätte, die er sowieso (allerdings unbespannt) zurückgab.

Deine Eltern, die glaubten, schlimmer als der Stürenberg gehe nicht, hatten sich getäuscht, denn dann stand Herbert Achternbusch in der Küchentür. Später hast du geklagt, du hättest deine Eltern auf dem Gewissen, weil du mit Herbert zusammen warst und all diese Filme gemacht hast, weil du im Wirtshaus deiner Eltern, als sie noch lebten, im Nachthemd einen Monolog über die geschlechtliche Liebe gehalten hast und zum Schluss sogar das Hemd angehoben und dir die Tränen abgewischt hast.

Mit Herbert hast du zuerst immer im VW-Bus geschlafen, später bei mir in der Münchner Wohnung. Dann wurde er heimlich im zweiten Stock einquartiert. Ich wohnte mit Walli auf Zimmer 15 (was Hias Schaschko zu der Postkarte »Was geschieht auf Zimmer 15?« inspirierte) und Herbert auf Zimmer 18. Er sagte: »Ich bin der Gefangene von Zimmer 18.«

Dieses »gschlamperte Verhältnis« mit Herbert führte natürlich zu Tratsch und Klatsch. Als Simon, dein Neffe, mal in der Schule seine Cousine Annerl fragte: »Kennst du eigentlich meine Tante, die Annamirl?«, sagte sie doch glatt: »Ja freilich kenn ich die, die muss ja eine richtige Schlampn sein!«

Du warst allerdings auch nicht auf den Mund gefallen. Als dich einmal Verwandte fragten: »Was machst eigentlich du den ganzen Tag so?«, sagtest du: »Mein Geld umschaufeln.«

In »Servus Bayern« drehte Herbert Achternbusch zum Schrecken der Eltern auf dem Holzhausener Friedhof, der so urig ist, dass Leute da extra begraben werden wollen, wegen der schönen Aussicht, und auf dem du jetzt liegst, weil du zum nahenden Tod hin doch wieder ein bisschen katholisch geworden bist. Ausgetreten bist du ja aus der Kirche eh nicht, und du hast dir ein Begräbnis mit Gottesdienst und Kirchenchor gewünscht. Das Solo hat dann E. gesungen, die die hohen Töne nicht schafft und über die du dich immer so lustig gemacht hast. Michael, dein Bruder, hat sich aufgeregt, weil ich als eine der Ersten ans Grab bin und Erde reingeschmissen hab, er hat immer gemutmaßt, dass wir eine Liebesbeziehung hatten – und ganz unrecht hatte er ja nicht. Dass ich mir allerdings »Ambach unter den Nagel reißen will«, ist von mir immer so weit weg gewesen wie der Zitronenfalter von einer gefalteten Zitrone. Michael, diesem tragischen Genie, hast du am Sterbebett gesagt, dass er dich nicht mehr besuchen darf.

Als in Tschernobyl die Atomkatastrophe ausbrach, schaufelten wir beide gerade Mais und waren irgendwie todmüde. Wir bekamen beide einen Eierstocktumor. Du hast ihn nicht überlebt. Wolltest ihn nicht überleben?
Vor deiner Beerdigung habe ich die ganze Nacht Wache vor dem Totenhäuschen gehalten, hab mit dir gesprochen und gejodelt und an die letzten Tage mit dir im Krankenhaus gedacht. In der Nacht, in der du gestorben bist, hab ich dir die Uhr vom Arm abgemacht. Ich hab dich gefragt: »Brauchst du die noch? Die schneidet so ein.«
»Nein«, hast du plötzlich hellwach gesagt.
Eine Krankenschwester hat dich mit dem Laken in meine Arme geschaukelt und wir haben dich mit Salbe eingerieben und ich hab dich geküsst, da hast du gelächelt wie ein Kind. So gegen Mitternacht waren alle drei Feuerzeichen da: Esther, die Widderfrau, ich, die Löwin, und du, die Schützin. Zu Esther, der Mutter von Sepps Zwillingen, hattest du nicht immer ein gutes Verhältnis, aber

als sie sich einmal ein Cabrio kaufte, imponierte dir das total. Und am Ende warst du glücklich, weil sie zu dir ins Krankenhaus kam. Wir hatten anfangs, als Esther noch in Ambach wohnte, viel Spaß. Esther war WenDo-Trainerin und zeigte uns allerhand Übungen, die wir auf dem Flur probierten, zum Beispiel »Affe im Baum«. Du hast mich angesprungen, ich fiel um und wir lagen kreischend vor Lachen übereinander. Oder weißt du noch, wie wir die Kirschen in meinem »Zaubergarten«, in deinem Obstgarten gepflückt haben? Wir haben so viele gegessen, dass wir hysterische Lachanfälle und dann Bauchweh bekommen haben.
Einmal im August sollte ein Sternschnuppenschauer sein. Wir fuhren extra hinauf auf die Degerndorfer Höhe, legten uns auf das feuchte Gras und sahen – nichts, hatten aber trotzdem so viel Spaß.

Und – wir haben die erste und bisher einzige Demonstration in Münsing organisiert. Der Bürgermeister fand, dass das »Meinungsterror« sei, als wir uns gegen die Nazis in der Gemeinde Münsing wehrten. Aber das Landratsamt, das ja zuständig war, genehmigte uns die Demo und durch einen Trick brachten wir sogar Edmund Stoiber dazu, eine Grußbotschaft zu schicken. Da schaute Bürgermeister Pölt blöd, weil der Stoiber als Ministerpräsident immerhin sein oberster Dienstherr war. Loriot kam auch. Und alle unsere Kinder, die kleine Plakate trugen.

Die Jungen aus der Umgebung hatten schon ein Auge auf dich geworfen, aber du hast gesagt: »Ich heirate nie.« Ihr habt sogar gewettet, um einen Kasten Bier. Du hast gesagt: »Mit 40 werde ich nicht verheiratet sein.« Du hattest recht. Als du nach Holzhausen gefahren bist, um den Kasten Bier abzufeiern, hast du dir das Sprunggelenk gebrochen und hast deshalb in Herberts Film »Heilt Hitler« mit Gipsbein gespielt.

Du hättest so gern Kinder gehabt, du wärst eine liebevolle Mutter gewesen und warst es ja irgendwie für die Zwillinge von Esther und Sepp. Aber Herbert sagte: »Ich hab schon fünf Kinder, das langt.« Als er aus Ambach wegging, weil er in der Tenne kein Atelier einrichten durfte, und kurz darauf eine ganz junge Frau heiratete und mit ihr eine Tochter bekam, brach dir das Herz.
Herbert hatte die Geschmacklosigkeit, deine Liebesbriefe in einem Bild zu verarbeiten und dieses Bild Helmut Lesch zu verkaufen, der damals die Kultur im Kaufhaus Beck organisierte. Ich hängte das Bild bei der Eröffnung ab und trug es weg. Da wollten sie mich verhaften wegen Diebstahl. Am Ende renkte sich alles ein und Micky bekam

das Bild, du warst einverstanden. Aber dass ich mich wie eine Ritterin für dich eingesetzt hatte, fandest du toll.
Ich musste mich noch einmal, kurz vor deinem Tod, ins Zeug legen. Du warst in Bad Trissl in der Krebsklinik und wurdest depressiv.
»Kannst du mich nicht hier weg und nach Penzberg bringen?«
Ich ließ die Ärztin kommen. »Das geht natürlich nicht«, sagte sie und fürchtete um die schönen Gewinne, die mit Sterbenden ja doch noch gemacht werden.
»Das geht natürlich schon«, sagte ich. »Sie rufen jetzt sofort einen Krankentransport. Das ist ja hier kein Gefängnis.« Weg waren wir.
»Dafür bin ich dir ewig dankbar«, sagtest du. Ich war so froh, dass ich dir was Gutes tun konnte!

Vielleicht fing das Ende mit dem Ende des »Gläsernen Ecks« an. Als dich Herbert verließ, dachte er, dass ich mich jetzt für ihn und gegen dich entscheiden müsste. Stattdessen gründeten wir in der Emmi einen Frauenstammtisch, du, Niko, Gabi, Ann, Barbara, Micky und ich (der Frauenstammtisch hieß »Lieber Geier in Tibet als Hausfrau in Deutschland«). Herbert schickte Marie Noëlle als Spionin. Sie brachte gelbe Rosen. Wir lachten und Niko schnitt ihnen die Köpfe ab.
Der Frauenstammtisch blieb unser größtes Ver-

gnügen. Gegen zwei Uhr morgens setzte sich Emmi zu uns, rauchte eine, bevor sie aufräumte, und wir fuhren wieder heim, ich zuerst mit dir nach Ambach, später in meine Wohnung in der Preysingstraße.
Als ich drei Jahre vor dir den Tumor hatte und operiert wurde, haute ich heimlich nach der Operation aus dem Krankenhaus ab und du holtest mich zum Stammtisch ab. Als du mich wieder zurückfuhrst, hast du ein Auto übersehen und das wäre – mit Vorfahrt – beinahe in uns hineingerast. Ich bekam einen hysterischen Lachanfall: »Jetzt hab ich den Tumor überlebt und wir wären fast bei einem Autounfall gestorben!«, rief ich und lachte Tränen. Drei Jahre später warst du tot.

Ich hatte zu dir gesagt: »Ich ziehe aus Ambach nur weg, wenn du mir die Miete erhöhst.« Denn ich hatte ja schon die ganzen Jahre in der Landwirtschaft mitgearbeitet, deine Arbeit gemacht, wenn du mit Herbert zum Filmen unterwegs warst, Sepps Arbeit gemacht, wenn er in Wien oder in Berlin war. Doch so blieb ich unabhängig. Zu meiner Verwunderung erhöhtest du mir die Miete, du hofftest wohl, nach meinem Auszug wieder die alleinige Gebieterin über Haus und Hof zu werden. Später hast du mir gesagt, dass es falsch war, weil du dadurch deine einzige Verbündete verloren hast. Für mich war es gut, von Ambach wegzuziehen, denn sonst wäre ich wahrscheinlich dort am Starnberger See hängen geblieben wie alle anderen auch. Im »Tal der Tränensäcke«, wie Herbert einmal schrieb.

Du hast dir einen Zeitungsartikel aufgehoben, in dem Valeria Bruni Tedeschi ein Interview gab und sagte: »Eher geht ein Kamel durch ein Nadelöhr, als dass ein Reicher in den Himmel käme.« Das hast du total auf dich bezogen, du hattest ein schlechtes Gewissen, weil du so viel geerbt hattest, dabei hast du so hart dafür gearbeitet, dass tatsächlich eine Art Entspannung nach deinem Tod einsetzte und ich bestürzt war, wie schnell du eigentlich vergessen warst.

Du hattest so auf einen Anruf, einen Besuch oder wenigstens eine Postkarte von Herbert gehofft, als du im Krankenhaus im Sterben lagst. Nichts kam von ihm. Nichts. Glück hat ihm das nicht gebracht.

Ich hängte die Masken und das Geisterhäuschen, die du selbst gemacht hattest, im Obstgarten bei der Hollerin auf. Als ich im Film von Regina Schilling über Sepp dort eine Kerze anzünden wollte, kam ein heftiger Windstoß und blies sie wieder aus. Das warst natürlich du, aber das war noch nichts gegen das Sommerfest der »Fischmeister« im Sommer nach deinem Tod. Mitten im schönsten Feiern verdunkelte sich der Himmel, ein wilder Sturm fegte durch den Wirtsgarten, warf die Sonnenschirme und den Grill um. Ich dachte: »Die Annamirl. Typisch!«

Einmal hast du mir einen Liebesbrief geschrieben und da stand auch, dass das Wunderbarste war, dass ich dir nie die Freundschaft gekündigt oder dich gar verlassen habe, egal wie du mich behandelt hast. Und das ist wahr, weil ich dich wirklich liebe.

Anhang: Praktische Überlegungen

30 Anregungen, die das Alter interessant und lebenswert machen können

Es ist anfangs für die Familie und jüngere FreundInnen meistens gewöhnungsbedürftig, wenn eine Alte sich plötzlich so intensiv mit sich und ihrer Wahrnehmung der Welt beschäftigt, anstatt die Enkelkinder zu hüten oder mit anderen Alten eine Kaffeefahrt zu unternehmen.

Doch wann, wenn nicht jetzt, wollen wir ausprobieren, was unser Leben wirklich interessant und lebenswert macht? Wenn wir jung sind, ist der gesellschaftliche Druck groß – wie wir uns zu kleiden, wie wir auszusehen, uns zu benehmen haben. Bei Alten ist es doch egal – die werden ohnehin häufig übersehen. Egal wie elegant sie sich kleiden, wie nett sie sind, sie werden oft ausgegrenzt oder funktionalisiert, so als hätten sie kein Recht mehr auf ein wildes, spannendes Leben. Befreiend ist ja auch, nicht mehr arbeiten zu müssen.

Doch immer mehr Alte pochen mittlerweile auf ihr Recht auf ein genussvolles Leben. Hier sind die 30 Dinge, die mir dazu einfallen:

1. Das größte Problem im hohen Alter scheint das Grübeln zu sein. Viele – nicht nur sehr alte – Menschen machen sich selbst Vorwürfe für das, was sie nicht gesagt, getan oder gewagt haben. Sie liegen im Bett und zermartern sich das Hirn, wie es hätte besser laufen können, warum sie damals dies nicht beendet oder jenes nicht durchgesetzt haben. Was in dieser oder jener Situation hätte passieren können, weil man nicht aufgepasst hat, nicht sorgfältig genug war. Alle Menschen machen Fehler. Alle.
Für meine Mutter war das sehr quälend. Wir sagten ihr immer: »Du hast es gut gemacht!« Und dabei merkte ich, dass mir das auch half, denn ich bin ja nicht nur Tochter, sondern auch Mutter. Du hast es so gut gemacht, wie du konntest! Quäl dich nicht! Lass es los!
Und wichtiger noch: Sprich dich mit Menschen aus, denen du noch etwas zu sagen hast, solange es möglich ist. Erledige die Dinge, die du unbedingt erledigen musst, und warte nicht, bis es zu spät ist. Wenn es aber zu spät ist – lass es fallen. Es bringt dir und auch den anderen nichts, wenn du dir bis zum Grab Vorwürfe machst und dabei immer unglücklicher wirst. Verzeih dir, was

du nicht mehr ändern kannst! Geh dahin, wo du etwas zu lachen hast, denn Lachen befreit.

2. Zieh die Kleidung an, die du schön findest, und lass dich nicht beirren von Kommentaren wie »in deinem Alter« oder »viel zu bunt« usw. Das Alten-Beige ist nicht wirklich aufbauend und warum sollten Pastelltöne zu alten Menschen besser passen? Das sagen nur Leute, die den Anblick alter Menschen gern ignorieren wollen – und das geht mit Beige eben besser als mit bunt.

3. Reise – notfalls allein. Wenn du wenig Geld hast, tut es auch eine Reise mit dem lokalen Tagesticket. Du wirst dich wundern, auf wie viele Wunder man treffen kann an so einem Reisetag. Zwar hat man, je älter man wird, ein umso größeres Bedürfnis nach Geborgenheit und Sicherheit, bedenkt man aber, dass Alte gerade in ihrem gewohnten Umfeld eher ausgeraubt oder betrogen werden, kann eine kleine Abenteuerreise nur die Abwehrkräfte und die Lebenslust stärken. Nimm einen Stock mit, wenn dich das beruhigt. Viele alte Frauen haben schon mit ihrem Gehstock einen Angriff erfolgreich abgewehrt. Und so viele Übergriffe gibt es auch wieder nicht, eher interessante Gespräche und Begegnungen.
Entdecke die Welt hinter der Welt. Fall nicht auf die Wirklichkeit der Medien herein. Es sieht

dahinter oft ganz anders aus. Doch gerade alte Menschen klammern sich oft an die Schreckensmeldungen und fühlen sich dadurch in ihren Vorstellungen bestätigt und noch weniger fähig, in die Welt hinauszugehen.

4. Verbünde dich mit Tieren oder Pflanzen. Lerne sie kennen, suche sie in ihrem natürlichen Umfeld auf, setze dich zu ihnen oder locke Tiere mit verträglichem Futter an und beobachte sie einfach nur. Falls du in einer Großstadt lebst, gehe in den Tierpark oder in den botanischen Garten, das ist wirklich anregend.

5. Fang an zu forschen. Überlege dir ein Thema, das dich interessiert, und versuche so viele Informationen wie möglich darüber zu finden – in Gesprächen oder im Internet. Ja, lerne unbedingt, im Internet zu surfen, falls du es nicht ohnehin schon kannst.

6. Führe Gespräche über Themen, die dich interessieren oder gründe einen Lesekreis (alle lesen ein Buch und unterhalten sich dann darüber). Falls du niemanden findest, der oder die an deinem Thema interessiert ist, führe anspruchsvolle und philosophische Selbstgespräche – das macht total Spaß.

7. Ehre und achte deinen Körper wie einen Tempel. Du lebst darin, es ist nicht egal, wie der Körper sich anfühlt. Wasche dich gelegentlich mit einem Kräutersud aus wohlriechenden Kräutern, die du auch kostenlos in der Natur finden kannst. Oder nimm ein Salzbad, um dich zu entgiften.

8. Entdecke die Göttin in dir. Erforsche, falls du es nicht schon früher getan hast, welche Göttinnenenergie dir angenehm ist, und fang an, die Göttin zu locken und zu leben. Niemand muss dir bestätigen, dass du eine Göttin bist, das tust du einfach selbst. Du kannst deinen Körper zum Beispiel mit duftenden Ölen einreiben oder dich vor den Spiegel stellen und sagen:
Ich bin die Göttin der Heiterkeit.
Ich bin die Göttin der Wahrhaftigkeit.
Ich bin die Göttin des Zorns usw.
Wenn du dich wie eine Göttin fühlst, wird das mit der Zeit auch deine Umwelt wahrnehmen. Umgekehrt wirst du wie eine Dienstbotin behandelt, wenn du dich ständig als Serviceeinrichtung für andere, besonders für die Familie präsentierst.

9. Mach dich frei von Urteilen, Vorurteilen und Gehässigkeiten. Je älter wir werden, desto mehr Unrecht, Gewalt, Ungerechtigkeit und Gemeinheit haben wir gesehen und desto mehr erkennen wir die Lügen, den Betrug, die Grausamkeit. Das

birgt die Gefahr, an der Welt zu verzweifeln. Besser ist es, alles wahrzunehmen und in deinem eigenen Umfeld Schönheit und Heilung zu verbreiten. Bete nicht die alten Klischees her, die ältere Leute gern ungefragt anbieten, wie »Die Jugend ist verkommen«, »Wir haben früher gute Musik gehört«, »Die Welt ist ein Irrenhaus« usw. Na und? Mach es besser.

10. Verbringe etwas Zeit mit den Ausgestoßenen der Gesellschaft. Du kannst von ihnen viel über das Leben am Rand erfahren und mit ihnen Strategien für ein gutes Leben entwickeln. Lass aber nicht zu, dass sofort deine Wohltätigkeitsautomatik anspringt. Du musst nicht unbedingt gleich helfen und lindern. Nimm einfach wahr.

11. Kaufe dir die Dinge, die du unbedingt willst bzw. brauchst secondhand oder geh in Tauschzentralen. Das Recyceln von Kleidung und anderen schönen Dingen ist zum Glück gesellschaftlich nicht nur anerkannt, sondern mittlerweile sehr erwünscht. Zudem ist getragene Kleidung meist frei von Giftstoffen, weil sie schon oft gewaschen wurde. Eventuell möchtest du dich auch der Transition-Bewegung anschließen. »Transition« bedeutet »Wandel, Übergang«. Erfunden wurde diese Bewegung in der englischen Stadt Totnes. Versucht wird, so wenig Energie wie

möglich zu verbrauchen, so wenig Müll wie möglich zu produzieren, ökologische Produkte herzustellen, zu kaufen, zu verbrauchen und vor allem Güter zu teilen. Die größte Gruppe innerhalb der weltweiten Transition-Welle ist die Transition-Town-Bewegung. Städte, Stadtverwaltungen und BürgerInnen tun sich zusammen, um möglichst ökologisch zu leben. Im Internet kann man nachsehen, ob es in der Nähe eine Stadt gibt, die sich der Transition-Bewegung angeschlossen hat, ob es Tauschzentralen, Repair-Cafés, Gemeinschaftsäcker usw. gibt.

12. Lerne eine Fremdsprache. Nichts ist so anregend für das Gehirn wie Sprachen lernen und sprechen. Lass dich auf die Kultur und die Geschichte des Landes ein, dessen Sprache du lernst, und wenn es möglich ist, reise dorthin!

13. Gewöhne dich an Rückzug und Stille. Wenn du nicht gut allein sein kannst, ist es besonders wichtig, entweder eine Stunde am Tag oder einen Tag in der Woche ganz allein zu verbringen. Es ist beglückend, sich selbst zu begegnen, und hilft, wenn es ans Sterben geht, denn niemand kann dich hinüberbegleiten. Dann ist es gut, wenn du bei dir selbst zu Hause bist und auch diesen Weg allein und friedlich gehen kannst.

14. Bewahre überall deine eigene Atmosphäre. Lass dich nicht von aufdringlichen Düften, Musik, Geräuschen usw. aus deiner Schwingung bringen. Geht dir das alles auf die Nerven, zieh dich zurück. Störender Lärm? Wozu wurden Kopfhörer erfunden?

15. Ernähre dein Hirn nicht nur mit Information und Herausforderung – ernähre dich mit wertvollen Lebensmitteln. Wenn du dir die nicht leisten kannst, mach einen Deal mit einem Bioladen und nimm ihnen für wenig Geld die Lebensmittel ab, die sie am Ende des Tages oder der Woche kompostieren oder wegwerfen müssten.

16. Überrasche dich selbst mit Ereignissen und Orten, die dir bis dahin unbekannt waren. Gehe, fahre oder reise irgendwohin, wo du noch nie warst, und nimm neue Eindrücke auf. Auch wenn es eine Strapaze ist – am Ende bleibt die köstliche Anregung. Recherchiere auch im Internet und suche so viele Information wie möglich über die Gegend, in die du reisen willst. Manchmal gibt es auch kleine Filme und vor allem Fotos, die die Reiselust anregen.

17. Bleib in Bewegung durch Gymnastik, Yoga, Tai-Chi oder Ähnliches. Tanzen ist wunderbar. Gibt es keinen Ort, an dem du tanzen könntest,

kannst du es doch auch allein tun. Zur Lieblingsmusik! Die 100-jährige Frau, die kürzlich einen Marathon lief, fing auch erst mit 70 an zu trainieren.

18. Befreie dich von Erwartungen. Nichts ist so frustrierend wie nicht erfüllte Erwartungen. Bring lieber selbst auf den Weg, was du erleben möchtest. Die anderen sehen, spüren oder wissen oft gar nicht, was du gern hättest. Also, nur Mut. Fang selbst an!

19. Wirf deinem Körper nicht vor, dass du alt bist, und befreie dich von zerstörerischen Mantras wie »Ich bin so blöd« und »Mit mir will niemand etwas unternehmen, weil ich so alt bin« usw. Erfinde ein Mantra, das dich freut und aufbaut. Zelebriere den Lebensabschnitt, den du gerade lebst.

20. Lass dich von Kunst inspirieren. Dabei sind Führungen in Museen zwar eine Möglichkeit, lustvoller finde ich es jedoch, vor einem Bild stehen zu bleiben und es so lange anzusehen, bis die unterschiedlichsten Gedanken, Empfindungen oder Erkenntnisse auftauchen. Auch selbst zu malen und zu zeichnen macht Spaß. Es hilft, die Welt genauer zu betrachten, ohne sie zu bewerten.

21. Musik schafft immer wieder großartige Stimmungen. Surfe durch YouTube, zum Beispiel, oder höre Radio und finde deinen musikalischen Lieblingsweg. Lerne, ein Instrument zu spielen.

22. Forsche nach Vorbildern interessanter, kontroverser, verrückter alter Menschen. Lass dich anregen.

23. Ehre die Elemente. Entdecke Feuer, Wasser, Erde und Luft in deiner Umgebung und in der Natur. Du kannst zum Beispiel einen Element-Tag einführen, an dem du dich nur diesem Element widmest und herausfindest, wo und wie es in deinem Körper vorhanden ist.

24. Geh in Trance und schaffe dir einen Rückzugsraum. Du kannst das im Gehen oder im Liegen tun oder mit geschlossenen Augen auf einem Stuhl angelehnt sitzend. Begleite den Atem durch den Körper und fange an, einen Raum zu imaginieren, den du selbst gestalten und ausschmücken kannst. Baue in diesen Raum alles ein, was du dort gern haben willst, und lass dich darin in deiner Imagination nieder. Vielleicht gibt es BeraterInnen, Tiere oder andere Wesen, denen du begegnen, die du um Hilfe bitten kannst. Je öfter du diesen Raum aufsuchst, desto wirklicher wird er und desto mehr Einfluss hat er auf dein kör-

perliches Leben. Einen vertrauten Tranceraum zu haben hilft dir in Krisenzeiten oder im Sterben, dich von der körperlichen Welt zurückzuziehen.

25. Nimm möglichst wenige Medikamente und nur solche, die dir das tägliche Überleben sichern. Je älter du wirst, desto freier bist du, sie ganz wegzulassen – denn du wirst ohnehin irgendwann in nicht allzu ferner Zukunft sterben. Das gibt dir die Freiheit, zu experimentieren. Gerade die Blutdrucksenker sind oft völlig unangebracht und haben viele Nebenwirkungen. Den Körper entwässern kannst du auch mit Brennnesseltee und je mehr du dich bewegst, desto geschmeidiger laufen dein Kreislauf und der Strom deines Blutes im Körper. Meide fettes Essen, Zucker, Fleisch und Alkohol – schon erholt sich auch ein alter Körper. Lass dich regelmäßig von deiner Hausärztin bzw. deinem Hausarzt untersuchen, wenn du unsicher bist, ob dir die alternativen Gesundheitsmittel guttun.

26. Schreib auf, was dir im Leben noch wichtig ist, was du für dich brauchst, was du erleben willst und lass dich dabei nicht von den Erwartungen oder den Urteilen anderer beeinträchtigen. Schreib auf, wovon du dich trennen willst.

27. Tausche dich mit anderen Menschen deines Alters aus, wobei es sinnvoll ist, die Krankheiten und Wehwehchen auszusparen. Womöglich ergeben sich eine alternative Lebensform oder gemeinsame Unternehmungen. Viele alte Menschen, die ich kenne, spielen miteinander Karten, Mühle, Halma oder Schach.

28. Lass nicht zu, dass andere dich beherrschen, nur weil du alt bist. Bestehe darauf, respektvoll behandelt zu werden, und sag es laut, wenn es nicht so ist. Vermeide es aber, ständig zu nörgeln.

29. Lass dich nicht von Leuten einlullen, die nur an dein Geld herankommen wollen. Das ist natürlich für Menschen, die ohnehin kaum Geld haben, einfacher. Bleib wachsam, ohne misstrauisch zu sein.

30. Genieße das Privileg, verrückt sein zu können. Mögen andere dich nicht verstehen – macht nichts. Der Zauberspruch meiner Mutter blieb bis zum Schluss: Wer hinter meinem Rücken redet, redet mit meinem Arsch.

Tipps für Angehörige

Wenn Menschen gebrechlich werden, wollen sie das oft nicht wahrhaben. Es ist demütigend, auf Hilfe angewiesen zu sein. Deshalb ist gerade die Phase, in der die Pflegebedürftigkeit festgestellt werden soll, besonders kompliziert, sowohl für die Angehörigen, die bereit sind zu pflegen, als auch für die zu pflegende Person. Niemand gibt gern die Kontrolle über das eigene Leben ab. Doch die Angehörigen wollen natürlich zu Recht Hilfe und finanzielle Unterstützung von den Pflegekassen, in die wir alle fleißig einzahlen und die, wenn die Bedürftigkeit einmal festgestellt ist, sehr hilfreich sind.

Wenn also die Pflegestufe ermittelt werden soll und jemand vom Medizinischen Dienst kommt, ist die größte Schwierigkeit die, dass der alte Mensch, dessen Pflegebedürftigkeit gezeigt werden soll, sich sträubt und besonders lebhaft beteuert, alles noch gut selbst machen zu können. Die MitarbeiterInnen vom Medizinischen Dienst kennen das Phänomen natürlich und manche nutzen es, um der Pflegekasse Geld zu sparen. Da läuft zum Beispiel ein dementer Vater zur Höchstform auf, erinnert sich, was er alles geschafft hat, und beteuert, wie selbstständig er noch ist, doch nach der Prüfung erkennt er die Tochter nicht und weiß nicht, wo die Toilette ist. Das bekommt

der Medizinische Dienst aber nicht mit. Die Pflegestufe wird unter Umständen abgelehnt, obwohl das pflegebedürftige Familienmitglied nicht mehr ohne Hilfe leben kann.
Da die Pflege immer viel Zeit und Energie in Anspruch nimmt, kann eine pflegende Person in ihrem eigentlichen Beruf nicht mehr so arbeiten wie bisher. Deshalb ist es wichtig, auf jeden Fall wenigstens Pflegestufe 0 feststellen zu lassen, die steuerliche Vorteile bringt. Die Pflegestufe wird von einer Mitarbeiterin bzw. einem Mitarbeiter des medizinischen Dienstes der Krankenversicherung (MDK) mit einem dafür programmierten Gerät ermittelt, das den Zeitaufwand für die Pflege berücksichtigt. Gibt man lange, ausschweifende Antworten, die nicht genau ins Raster passen, muss man damit rechnen, dass die Pflegestufe abgelehnt wird, obwohl eine Pflegebedürftigkeit besteht. Grundsätzlich gilt: Nichts beschönigen! Es gibt keinen Grund, sich zu schämen. Wird die Pflegestufe abgelehnt, drohen häuslicher Stress und Chaos.

Auch wenn keine Pflegestufe bewilligt wird, gibt es Pflegestufe 0, die bei pflegenden Angehörigen mit einem steuerlichen Freibetrag bedacht wird. Eigentlich ist das paradox, denn bei Pflegestufe 0 müsste man den höchsten Freibetrag haben, weil man da zusätzlich zur bereits arbeitsaufwendigen

Pflege meistens noch arbeitet und verdient. Bei Pflegestufe II oder III kann man kaum noch nebenher arbeiten. Von der Kasse gibt es zwar mittlerweile mehr Geld, doch wer sich auf die Pflege alter bzw. kranker Angehöriger einlässt und kein Vermögen im Hintergrund hat, rutscht schnell in die Altersarmut ab.

Ab Pflegestufe II schafft man die Pflege kaum noch allein. Wer keine weiteren helfenden Angehörigen hat, kann die häusliche Pflege mit einem Pflegedienst kombinieren. Es gibt sowohl Pflegegeld als auch Sachleistungen. Das alles kann mit der Krankenkasse abgesprochen werden. Deren MitarbeiterInnen und die Pflegeschwestern empfand ich als ausgesprochen hilfreich und nett.
Das Wichtigste für pflegende Angehörige: HelferInnen finden, die entlasten können. Das gehört zwar zu den schwierigsten Aufgaben, ist aber fast lebenswichtig. Kein Mensch hält es ohne Schaden zu nehmen aus, ständig zuständig und mit Pflege und Arbeit (Putzen, Waschen, Kochen) allein zu sein. Spielen Sie nicht die Heldin bzw. den Helden. Erschöpfung muss wahrgenommen und durch Ruhezeiten ausgeglichen werden!
Pflegende Angehörige haben Anspruch auf sechs Wochen Urlaub, das heißt für die zu pflegende Person Kurzzeitpflege in einem Pflegeheim. Die Zuzahlung ist unterschiedlich und beträgt zwi-

schen 30 und 80 Euro pro Tag. Auch wenn der Aufwand hoch ist – eine Auszeit lohnt sich sowohl für die Pflegenden als auch den alten Menschen. Neue Perspektiven tun sich auf und die Zeit zu Hause wird wieder mehr geschätzt.

24-Stunden-Pflege, die eine einzige Frau leisten soll, ist mittlerweile gesetzlich verboten. Pflegerinnen aus osteuropäischen Ländern schultern jedoch bei uns immer noch die Hauptlast der Altenpflege. Wie die Frauen das aushalten, ist mir schleierhaft, denn die Menschen, die sie pflegen, sind oft unhöflich, kommandieren die Pflegerin herum, klingeln sie nachts wegen Nichtigkeiten aus dem Bett und haben das Gefühl, die Pflegerin gehöre ihnen, nur weil sie bis zu 2000 Euro an die Agentur zahlen – viel Geld, das die Pflegerin nicht bekommt.

Fast alle Familien, mit denen ich gesprochen habe, sagen, dass sie sich auch um die Probleme der Pflegerin, die finanziellen, familiären Desaster kümmern müssen und natürlich auch aufpassen, dass alles gut abläuft. Zur finanziellen Belastung kann also noch eine Mehrbelastung an Aufgaben für die Familie hinzukommen.

Da in der Altenpflege viel Geld zu holen ist, kommen mittlerweile auch Räuberbanden auf die Idee, sich bei wohlhabenden Alten einzunisten und sie kontinuierlich auszurauben. Für sie ist es ein gutes Geschäft mit wenig Risiko. Die Gerichte stehen sogar oft auf ihrer Seite: Wenn die zu pflegende Person ihnen Geld gibt (der natürliche Wille wird hier akzeptiert), gilt das als legal, auch wenn die zu pflegende Person gar nicht mehr so recht bei Trost ist. Mitunter wird sogar geheiratet oder (wie bei meiner Tante) adoptiert, um den Geldfluss unproblematischer zu gestalten.

Wird ein Pflegeheim nötig: Vorher genau prüfen, ob die alten Leute munter oder sediert sind. Einfach mal eine Tür aufmachen und hineinsehen. Wie wirkt das Zimmer, wie die BewohnerInnen? Ein Zweibettzimmer ist eigentlich nur zumutbar, wenn der alte Mensch bettlägerig und nicht mehr bei sich ist. Wer würde schon gerne mit einer fremden Person im Raum den Rest seines Lebens verbringen wollen? Das grenzt für mich schon an Alten-Knast: für den Rest des Lebens für das Verbrechen, ein Leben lang gearbeitet und schlecht verdient zu haben, zu büßen. Das trifft besonders Frauen, die zwar schwer gearbeitet, Kinder großgezogen, einen Haushalt geführt, doch dafür natürlich nie einen Rentenanspruch erworben haben. 28 Euro im Monat pro Kind zusätzlich zur Grundrente decken ja nicht wirklich ab, was eine Frau mit der Erziehung eines Kindes (eines Steuerzahlers bzw. einer Steuerzahlerin) geleistet und natürlich auch bezahlt hat.

Wenn es mehr hübsche Wohnheime gäbe, die Bürokratie etwas lockerer wäre und die Alten mehr Mitspracherecht hätten, würden wahrscheinlich mehr alte Menschen gern aus ihren großen Wohnungen ausziehen und in eine lockere und angenehme Altershausgemeinschaft ziehen. Doch solche Modelle sind rar und für Menschen mit niedriger Rente praktisch nicht zu bezahlen.
Warum soll man sein Leben, das vielleicht ein interessantes und erfülltes Leben war, so jämmerlich beenden? Das Ende ist doch ein wesentlicher Faktor in allem. Mehrgenerationenhäuser und die Transition-Bewegung, bei der es um Teilen und Gemeinsamkeit geht, sind ein guter Ansatzpunkt, das Alter neu zu strukturieren und in Gemeinschaften die eigenen Fähigkeiten und Erfahrungen optimal einbringen zu können.
»Ende gut, alles gut« lässt sich eben auch im Umkehrschluss sagen:
Ende schlecht – alles schlecht.

Wer sich mit dem Tod unverkrampft auseinandersetzen kann und sichergehen will, dass alle persönlichen Themen geregelt sind, sollte unbedingt ein Testament aufsetzen. Das kann man handschriftlich tun, Datum und Unterschrift hinzufügen – schon ist es gültig. Auch wer eine Alleinerbin, einen Alleinerben einsetzt, kann anderen Menschen noch etwas vermachen, d. h.

bestimmte Dinge im Testament benannten Personen schenken. Für einen kleinen Betrag kann man ein Testament auch beim zuständigen Nachlassgericht hinterlegen. Dann müssen die ErbInnen nur eine Geburtsurkunde vorlegen, um einen Erbschein zu erhalten.

Ungewöhnliche Begegnung

Fünf Freundinnen meiner Mutter sind alle im selben Jahr geboren und wollten ihren 75. Geburtstag eigentlich mit meiner Mutter zusammen feiern. Leider starb sie vorher.

Sie hatte sich gewünscht, dass ihre Asche in den bayerischen Bergen verstreut wird, doch das ist in Bayern nicht erlaubt. So entschieden wir uns für ein Begräbnis in einer Ökourne (die nach etwa zwei Jahren zerfällt und so hat sie ihren Willen) auf der Sonnenbichl-Wiese des neuen Friedhofs von Lippertskirchen in der Gemeinde Bad Feilnbach, am Fuß von Breitenstein und Wendelstein.

Die Freundinnen fuhren an einem sonnigen Herbsttag dorthin. Wir hatten an der Stelle, wo die Urne ungefähr eingegraben wurde, einen Becher mit ihrem Foto aufgestellt. Eine der Freundinnen hob den Becher auf.

»Da rührte sich etwas«, sagte sie. Und aus dem Laub kam ein Feuersalamander *(Salamandra salamandra)*.

Meine Internetseite heißt salamandra.de.

Danksagung

Ich danke meiner Mutter Gertrud Thomele für alles, was sie mir beigebracht und gegeben hat, meiner Schwester Ilse für ihre Geduld und ihre Kochkunst, meiner Tochter Anna Valentina für Ermunterung und Zuspruch, den FreundInnen und NachbarInnen meiner Mutter für ihre Treue.
Ich danke Mick dafür, dass er da war, als wir weg waren.
Ich danke Simone Frost, Schwester Evi und Schwester Sabine für ihre liebevolle und kompetente Hilfe bei der Pflege.
Ich danke Dr. Bresele und den Schwestern der Palliativstation im Kreiskrankenhaus Ebersberg für ihre fürsorgliche und unermüdliche Arbeit.

Die Autorin

Luisa Francia machte Filme und schrieb Drehbücher, unter anderem mit Margarethe von Trotta und Herbert Achternbusch, schrieb Theaterstücke, inszenierte eins davon am Werkraum der Kammerspiele München und arbeitet als freiberufliche Journalistin für Zeitungen und Zeitschriften. Seit Anfang der Achtzigerjahre schreibt sie Bücher und bietet Seminare an. Zudem unterrichtet sie seit Jahren Yoga, hält Lesungen und Vorträge, die sich hauptsächlich mit Magie als Kommunikation, als Weg zum tieferen Verständnis spiritueller Energien beschäftigen. Reisen nach Westafrika, in die Sahara, nach Indien, Tibet und Nepal und schließlich auch in europäische Länder brachten ihr volkskundliche Heilweisen, Magie, schamanische Traditionen und magische Rituale nahe.

Sie führt unter www.salamandra.de ein Internet-Tagebuch.

Zum Weiterlesen

Das Gras wachsen hören
ISBN 978-3-485-00958-4

Das magische Kochbuch
ISBN 978-3-485-01097-9

Der magische Alltag
ISBN 978-3-485-01340-6

Die Göttin im Federkleid
ISBN 978-3-485-01305-5

Die Magie der Steine
ISBN 978-3-485-01403-8

Die Magie des Ankommens
ISBN 978-3-485-008337-2

Die magische Kunst, das Glück zu locken
ISBN 978-3-485-01011-5

Die Schatzhüterin. Klassische Märchen neu erzählt
Print: 978-3-485-01357-4 Hörbuch: 978-3-7844-4246-4

Frauenkraft, Frauenweisheit
ISBN 978-3-485-02809-7

Hexenbesen, Zauberkraut
ISBN 978-3-485-01041-2

Kubabas Granatapfel
ISBN 978-3-485-01131-0

Schutzrituale
ISBN 978-3-485-02825-7

Tiere als magische Helferwesen
Print: 978-3-485-02837-0 E-Book: 978-3-485-06114-8

Weidenfrau und Wiesenkönigin
ISBN 978-3-485-01169-3

Alle Titel von Luisa Francia und mehr Informationen unter
kosmos.de/nymphenburger